## 동물로 보는 한국사 이야기 ❶
고조선부터 조선 전기까지

1판 2쇄 발행 2023년 6월 10일

| | |
|---|---|
| 글쓴이 | 신현배 |
| 그린이 | 김규준 |

| | |
|---|---|
| 펴낸이 | 이경민 |
| 펴낸곳 | ㈜동아엠앤비 |
| 주소 | (03972) 서울특별시 마포구 월드컵북로22길 21, 2층 |
| 홈페이지 | www.moongchibooks.com |
| 전화 | (편집) 02-392-6901 (마케팅) 02-392-6900 |
| 팩스 | 02-392-6902 |
| 이메일 | damnb0401@naver.com |
| SNS |  |
| 출판등록 | 2014년 3월 28일(제25100-2014-000025호) |

ISBN 979-11-6363-190-3 (74910)
　　　 979-11-6363-189-7 (세트)

※ 잘못된 책은 구입한 곳에서 바꿔 드립니다.
※ 이 도서의 국립중앙도서관 출판예정도서목록(CIP)은 서지정보유통지원시스템 홈페이지(http://seoji.nl.go.kr)와
　 국가자료공동목록시스템(http://www.nl.go.kr/kolisnet)에서 이용하실 수 있습니다. (CIP제어번호 : CIP2020014033)

도서출판 뭉치는 ㈜동아엠앤비의 어린이 출판 브랜드로, 아이들의 지식을 단단하게 만들어주고, 아이들의 창의력과 사고력을 키워주어 우리 자녀들이 융합형 창의 사고뭉치로 성장할 수 있도록 좋은 책을 만들겠습니다.

# 작가의 글

신비롭고 흥미진진한
역사 속 동물 이야기

우리나라에는 개·고양이 등의 반려동물을 키우는 인구가 천만 명이나 된다고 하지? 네 집 가운데 한 집은 반려동물을 키우고 있으니, 우리나라 사람들이 얼마나 동물을 사랑하고 아끼는지 몰라. 우리 역사를 살펴보더라도 우리 민족이 동물과 각별한 사이였음을 알 수 있단다.

여러분은 고조선을 세운 단군 이야기를 들어 보았지? 단군은 곰의 아들이야. 곰은 호랑이와 함께 굴속에 들어가 마늘과 쑥을 먹으며 삼칠일 동안 참고 견딘 끝에 소원대로 사람이 되지. 그 뒤 하느님의 아들인 환웅과 결혼하여 단군을 낳은 거야.

이 이야기에서 곰과 호랑이는, 토착 부족인 곰을 숭배하는 부족과 호랑이를 숭배하는 부족을 상징한다고 해. 하늘의 부족이라고 주장하는 외래 부족이 곰을 숭배하는 부족과 호랑이를 숭배하는 부족을 몰아내고 새 나라를 세운다는 것이지.

이렇게 우리 역사는 곰과 호랑이의 단군 신화 이야기부터 시작되는데, 고구려·신라·가야의 시조는 모두 알에서 태어난 사람이 나라를 세운다는 공통점이 있단다. 그것은 새로운 땅에 새 나라를 세우려는 사람들이, 그 땅에 터를 잡고 사는 백성들에게 자신을 특별한 존재로 나타내고 싶어 해서야. 이를테면 자신은 하늘이 이미 정해 놓은 왕으로서 태양의 아들이라고 하여 '선민사상'을 보여 주는 거지. 그럴 때 가장 효과적인 것이 태양이야. 태양이 둥그니 시조가 둥근 모양을 한 알에서 태어났다고 하면 평범한 백성들에게는 아주 특별하고 신비로운 존재로 보이겠지? 태양의 아들로 믿고 싶어질 만큼……. 또한 고대 사회에서 닭은 신비한 능력을 가진 신성한 새로 숭배를 받았어. 해 뜨는 시각을 알려 주니 하늘의 기운을 받은 신비한 동물로 여겼지. 게다가 닭은 다산과 생명력의 상징인 알을 낳잖아. 그러니 새라고 하면 먼저 닭을 생각하고, 새알이라고 하면 닭의 알, 즉 계란을 우선 떠올리지. 이런 이유로 해서 고대의 건국 신

5

화에서는 시조들이 대부분 알에서 태어났다는 '난생 신화'가 나타나게 된 것이란다.

동물과 관련된 역사 이야기를 좀 더 알아볼까?

압록강 중류 일대에 자리 잡은 작은 나라였던 고구려가 비류국·행인국·북옥저·개마국·구다국·낙랑국·동옥저 등 주위에 있던 여러 나라들을 정복하여 한반도 북부와 만주 지역을 차지한 대제국이 되었지. 그것은 고구려가 말과 철을 사용하여 만든 막강한 철갑 기병이 있었기 때문이야. 철갑 기병은 말과 기병이 강철 갑옷으로 무장한 군단을 말해. 철갑으로 무장한 말을 '개마', 개마에 탄 기병을 '개마 무사'라고 하지. 고구려 사람들은 오랜 옛날부터 야생마를 잡아 길들였는데, 철갑 기병 조직을 위해 말을 많이 늘리고 철저히 보호했어. 말을 몰래 죽이는 사람은 노비 신분으로 떨어뜨리기까지 했지. 고구려는 말을 많이 확보하고 좋은 철로 생산한 무기로 철갑 기병을 무장함으로써, 중국에 맞서 싸워 이겨 대제국으로 성장할 수 있었단다.

조선 시대에는 '주금(酒禁)'·'송금(松禁)'·'우금(牛禁)'의 세 가지를 금한다는 '삼금 정책'이 있었어. 주금은 흉년에 곡식을 아끼려고 일정한 기간 동안 술을 빚어 팔거나 마시지 못한다는 것이었고, 송금은 건축 재료로 쓰이는 소나무를 가꾸고 보호하기 위해 소나무를 몰래 베지 못한다는 것이었어. 그리고 우금은 농사에 꼭 필요한 소를 함부로 잡지 못한다는 것이었지. 농가에서 소는 매우 귀중한 가축이었어. 논이나 밭을 갈 때 쟁기를 끌어 쓸모가 많았거든. 적어도 대여섯 사람 몫의 힘을 발휘해 중요한 노동력이었지. 따라서 농사에 꼭 필요한 소를 확보하기 위해서라도 소를 함부로 잡는 것을 막아야 했단다. 그래서 조선 시대 태조 7년(1398년) "소를 함부로 잡지 말라!"는 우금령을 내린 거야.

『동물로 보는 한국사 이야기』는 동물을 통해 본 우리 역사 이야기야. 오천 년 한국사에서 우리 민족과 함께했던 여러 동물의 이야기를 한자리에 모았어. 딱딱하고 지루한 역사 이야기가 아니라, 곰·호랑이·소·말·돼지·개·고양이·쥐·닭·토끼·코끼리·낙타·물오리·고래·거북·메뚜기·용·봉황·지렁이·잉어·매·복어·송충이·대구·이·양·거머리·꺽지·도루묵·명태·조기·홍어·파리 등등 다양한 동물들이 주인공으로 등장하여, 흥미진진한 역사 이야기가 펼쳐진단다. 우리 역사에 영향을 미친 동물 이야기를 읽다 보면 오천 년 한국사가 한눈에 들어오고, 새로운 눈으로 역사를 볼 수 있는 좋은 기회가 될 거야.

2020년 3월
신현배

# 차례

작가의 글 • 4

01 곰의 아들, 단군 • 12
02 고구려·신라·가야의 시조는 알에서 태어난 사람이다 • 18
03 거북 떼가 다리를 만들어 주몽을 구하다 • 26
04 한반도 지역을 휩쓴 공포의 메뚜기 떼 • 32
05 고구려는 말과 철로 대제국을 건설했다 • 36
06 삼국 시대부터 시작된 소싸움 • 42
07 돼지 덕분에 태자를 낳을 후궁을 얻은 산상왕 • 48
08 신라 소지왕을 구해 준 쥐와 까마귀 • 52
09 말의 목을 단칼에 베어 버린 김유신 • 58
10 흰말을 미끼로 용을 낚은 당나라 장군 소정방 • 62
11 용이 되어 바닷속에서 나라를 지킨 문무왕 • 68
12 삽살개를 데리고 당나라로 건너간 신라 왕자 김교각 • 74
13 후백제를 세운 견훤은 지렁이 아들? • 80
14 돌상자 속에서 병아리가 나오다 • 86
15 토끼가 벼랑을 따라 달아나며 왕건을 위해 길을 열어 주다 • 94
16 왕건에게 성을 받은 충주 어 씨는 왜 잉어를 먹지 않을까? • 100
17 은혜 갚은 짐승들 • 104

18 사냥을 즐기고 가축을 많이 길렀던 나라, 발해 • 110
19 발해 사신이 일본에 가져간 모피는 일본 최고의 인기 물품? • 114
20 봉수에서는 이리 똥과 여우 똥이 최고의 연료? • 118
21 강감찬 장군은 사람들에게 해를 끼치는 동물들을 많이 쫓았다? • 122
22 매와 개는 임금이 좋아하는 뇌물? • 128
23 봉황이 날아오지 못하게 벽오동나무를 모조리 베어 버린 신돈 • 132
24 소의 혀를 자른 범인을 잡은 고을 수령의 명판결 • 136
25 어촌 사람들은 복어를 좋아하는 왜구를 어떻게 쫓아냈을까? • 142
26 고려의 마지막 임금 공양왕을 지켜 준 충견 삽살개 • 148
27 "소를 함부로 잡지 말라!", 나라에서 내린 우금령 • 152
28 양반들의 발이 되어 준 나귀 • 156
29 호랑이 전문 사냥꾼, 착호갑사 • 162
30 조선 시대에는 송충이를 잡기 위해 백성들을 동원했다? • 168
31 사냥을 너무 즐겨 신하들에게 간언을 들은 태종 • 174
32 사람을 죽여 귀양을 간 코끼리 • 180
33 옛날 선비들은 왜 소를 타고 다녔을까? • 186
34 죽은 매를 명나라 황제에게 바치다 • 192
35 세종의 명령으로 이루어진 약수 특급 수송 작전 • 196
36 세조를 구한 고양이 • 200
37 임금님 옷에도 이가 있을까? • 206
38 약에 쓸 동물을 잡아다 판 서울 거지, 땅꾼 • 212

참고문헌 • 218

# 연표

**약 70만 년 전**
구석기 시대, 한반도에 인류 거주 시작

**기원전 8000년경**
신석기 시대

**기원전 2333년**
단군, 고조선 건국(삼국유사)

**기원전 2000년경**
청동기 문화 보급

**기원전 400년경**
철기 문화 보급

**기원전 108년**
고조선 멸망

**기원전 57년**
신라 건국(박혁거세)

**기원전 37년**
고구려 건국(고주몽)

**기원전 18년**
백제 건국(온조)

**42년**
수로왕, 가락국 건국

**660년**
백제 멸망

**668년**
고구려 멸망

**676년**
신라, 삼국 통일

**698년**
대조영, 발해 건국

**900년**
견훤, 후백제 건국

**901년**
궁예, 후고구려 건국

**918년**
왕건, 고려 건국

**926년**
발해 멸망

**935년**
신라 멸망

**936년**
후백제 멸망, 후삼국 통일

**1019년**
귀주 대첩

**1107년**
윤관의 여진 정벌

**1170년**
무신 정변

**1388년**
이성계, 위화도 회군

**1392년**
고려 멸망, 조선 건국

**1394년**
한양 천도

**1446년**
훈민정음 반포

**1485년**
경국대전 완성

## 01

# 곰의 아들, 단군

아득한 옛날, 하늘나라를 다스리는 왕은 환인이었어. 환인은 모든 신들의 왕인 하느님으로, 온 세상을 다스리고 있었지.

환인에게는 자식이 여럿 있었어. 그 가운데 환웅이라는 아들이 있는데, 틈만 나면 땅 위를 내려다보며 인간 세상을 다스려 보고 싶다고 생각하였지.

아버지 환인은 아들의 뜻을 알아차리고 환웅에게 물었어.

"땅 위로 내려가면 무슨 일을 할 것이냐?"

"예, 인간 세상을 널리 이롭게 하는 나라를 세우겠습니다."

"좋다. 네 뜻이 그렇다면 인간 세상에 내려가도록 해라."

환인은 아들에게 허락한 뒤 땅 위에 우뚝 솟은 산을 가리키며 말했어.

"저기 저 산을 보아라. 태백산이다. 인간 세상을 이롭게 할 만한 땅이다."

환인은 인간 세상을 다스리는 왕의 표적인 '천부인' 3개를 환웅에게 주었어. 그것은 거울, 방울, 칼이었지. 둥근 해를 뜻하는 거울을 비추면 어둠 속에 숨어 사는 마귀를 쫓을 수 있어. 그리고 왕의 말씀을 뜻하는 방울을 흔들면 간사한 말을 하는 무리들을 흩어지게 하고, 힘을 뜻하는 칼을 들면 악한 귀신들을 없앨 수 있단다.

환웅은 자기를 도와 일할 3천 명의 신을 거느리고 태백산으로 내려왔어. 태백산에 신시(神市, 환웅이 세웠다고 전해지는 고조선 이전의 신화적인 도읍지)를 열고 인간 세상을 다스리기 시작하였지.

환웅은 태백산에서 바쁜 나날을 보냈어. 농사일뿐만 아니라 병 고치는 일, 죄지은 사람을 벌주는 일 등 인간 세상에 필요한 360가지 일을 신들의 도움을 받아 백성들에게 가르쳤거든.

덕분에 신시는 살기 좋은 곳으로 변해 갔어. 백성들은 즐겁고 행복하여 날마다 춤추고 노래를 불렀어.

당시 태백산에는 한 동굴에 사는 곰과 호랑이가 있었단다. 이들은 사람들이 사는 모습을 보고는 부러워 어쩔 줄을 몰랐어. 그래서 어느 날 사람이 되고 싶다며 환웅을 찾아왔지.

환웅은 곰과 호랑이에게 쑥 한 줌과 마늘 스무 쪽을 주며 햇

빛 한 점 들지 않는 어두컴컴한 굴속에서 백일 동안 기도를 해야 한다고 말했어. 다른 것은 먹지 말고 쑥 한 줌과 마늘 스무 쪽만 먹어야 한다면서 말이야.

곰과 호랑이는 환웅이 시키는 대로 어두컴컴한 굴속에 들어가 기도를 시작했어. 그런데 그것은 쉬운 일이 아니었지. 캄캄한 굴속에서 쓰디쓴 쑥과 매운 마늘만 먹으며 견딘다는 것은 괴로운 일이었거든. 며칠이 지나자 호랑이는 견디다 못해 소리쳤어.

"아, 나는 도저히 쑥과 마늘을 못 먹겠어. 배고파 미치겠단 말이야. 이러다간 사람이 되기 전에 굶어 죽을 것 같아!"

곰이 달래듯이 말했어.

"그래도 참고 견뎌야지. 사람이 되려면 어쩔 수 없어."

"아니야, 나는 더 이상 못 견디겠어. 사람이 되지 않아도 좋으니 우선 빈속을 채워야겠어."

결국 호랑이는 굴 밖으로 뛰쳐나가고 말았단다.

하지만 곰은 마늘과 쑥을 먹으며 삼칠일 동안 참고 견딘 끝에 소원대로 사람이 되었어. 곰의 가죽을 벗고 어여쁜 여자의 몸으로 변해 '웅녀'라는 이름을 얻은 거야.

'이왕 여자로 태어났으니 나도 결혼하여 아기를 낳고 싶어.'

웅녀는 날마다 신단수에 가서 간절히 빌었어.

"하느님, 제게도 배필을 정해 주세요. 귀여운 아기를 낳고 싶어요."

환웅은 웅녀가 가엾고 애처로웠어. 그래서 웅녀를 왕비로 맞이하기로 마음먹었지. 웅녀는 환웅과 결혼하여 소원대로 귀여운 아기를 낳았는데, 이 아기가 바로 단군왕검이야.

단군 왕검은 늠름한 젊은이로 자라나 평양 땅에 나라를 세웠어. 이 나라가 바로 고조선으로, 이 땅에 세워진 최초의 나라야.

곰의 아들인 단군 왕검은 고조선을 1500년 동안 다스리고는 백악산 아사달로 들어가 신선이 되었다는구나.

> ## 곰은 왜 쑥과 마늘을 먹고 사람이 되었을까요?

곰의 아들인 단군이 태어난 이야기는 『삼국유사』에 실려 있어. 이 이야기에서 곰과 호랑이는, 토착 부족인 곰을 숭배하는 부족과 호랑이를 숭배하는 부족을 상징한다고 해. 하늘의 부족이라고 주장하는 외래 부족이 곰을 숭배하는 부족과 호랑이를 숭배하는 부족을 몰아내고 새 나라를 세운다는 것이지.

그럼 쑥과 마늘은 무엇을 의미할까? 어떤 학자는 이 이야기가 도구를 가진 집단과 도구를 갖지 못한 집단 간의 지배와 피지배 구도를 표현한 것이라고 풀이해. 사람과 동물의 차이는 도구의 사용에 있는데, 도구를 갖지 못한 집단은 도구를 가진 집단의 지배를 받을 수밖에 없어. 이때 도구를 갖지 못한 집단이 도구를 가진 집단에게 제철 기술을 갖게 해 달라고 청하여, 삼칠일이나 백일 동안 제철 기술을 익히지. 그런데 곰은 제철 기술을 익혀 사람이 되지만, 호랑이는 도중에 그만두어 사람이 되지 못해. 여기서 쑥과 마늘은 도구를 가진 집단이 즐겨 먹는 음식이야.

곰이 쑥과 마늘을 먹고 사람이 되었다는 것은, 미성년이 성년이 되는

'통과의례'의 한 절차라 할 수 있어. 맵고 독한 음식을 먹으며 참고 견뎌야 진정한 어른, 즉 사람이 될 수 있으니까.

당시 사람들은 쑥과 마늘이 잡귀를 쫓거나 나쁜 기운을 없앨 만큼 신비한 음식이라고 믿었어. 그리고 더럽혀진 몸을 맑게 하는 정화제 역할을 하기에, 곰이 사람이 되는 데 필요한 음식으로는 이만큼 좋은 것이 또 없겠지? 그래서 이 이야기에서 곰이 도토리를 먹고 사람이 되었다고 하지 않고, 마늘과 쑥을 먹고 사람이 되었다고 한 것이란다.

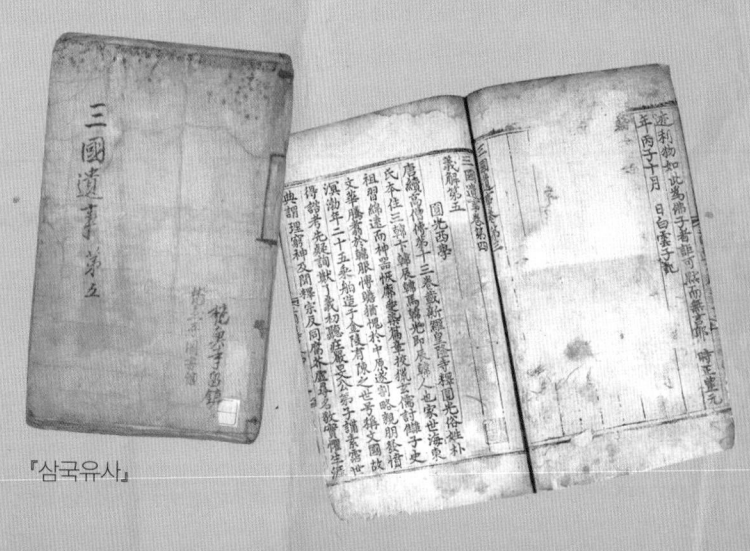

『삼국유사』

## 02

# 고구려·신라·가야의 시조는 알에서 태어난 사람이다

고구려의 시조(始祖)는 주몽, 신라의 시조는 박혁거세, 가야의 시조는 수로왕이지? 이들에게는 한 가지 공통점이 있어. 알에서 태어난 사람이라는 거야. 셋 다 알에서 태어나 나라를 세워 그 나라의 시조가 되었지.

주몽은 아버지가 하느님(천제)의 아들인 해모수이고, 어머니가 물의 신 하백의 딸인 유화 부인이야. 유화 부인은 아버지의 허락도 없이 해모수와 혼인하여 아이를 가져, 집에서 쫓겨나 태백산에 머물렀어. 그러다가 어느 날 사냥을 나온 동부여의 금와왕을 우연히 만났지. 금와왕은 유화 부인의 사연을 듣고는 측은한 마음이 들어서 부인을 자신의 궁전으로 데려가 살 집을 마련해 주었단다.

유화 부인은 몇 달 뒤 닷 되들이 그릇만 한 커다란 알을 낳았어. 이 소식을 듣고 깜짝 놀란 금와왕은 그 알을 돼지에게 던져 주었어. 하지만 돼지들은 알을 먹지 않고 소중히 간수하였지.

알을 길바닥에 버리니 지나가던 소와 말이 피해 다녔으며, 알을 들판에 버리니 새들이 모여들어 날개로 덮어 주었단다.

금와왕은 알을 가져다가 깨뜨리라고 지시했어. 하지만 쇠망치로 힘껏 내리쳐도 알은 금 하나 가지 않았지.

그제야 금와왕은 이 알이 보통 알이 아닌 줄 알고 유화 부인에게 돌려주었어. 유화 부인은 그 알을 이불에 꼭 싸서 따뜻한 방 안에 놓아두었지. 며칠 뒤 잘생긴 남자 아기가 알을 깨고 나왔는데, 어찌나 총명한지 한 달도 못 되어 벌써 말을 했어. 아기는 활과 화살을 구해 달라고 해서 파리 사냥을 시작했는데, 파리를 보는 족족 활을 쏘아 맞혀 백발백중이었지. 당시 부여에서는 활을 잘 쏘는 사람을 '주몽'이라 불렀는데, 아기 이름은 주몽이 되었어. 이 주몽이 뒷날 고구려를 세웠단다.

박혁거세가 태어나기 전에 한반도 남쪽의 진한 땅에는 여섯 마을이 있었어. 마을마다 우두머리가 있어 그 마을을 다스렸지.

기원전 69년 3월 초하룻날, 여섯 마을의 우두머리는 아들들을 데리고 알천의 언덕에 모여 회의를 했어.

"우리에게는 백성을 다스릴 임금이 없습니다. 그러다 보니 백성들은 제멋대로 행동하기 일쑤입니다. 이들을 바로잡으려면 우리에게도 임금이 있어야 합니다."

"옳습니다. 덕망이 높은 분을 찾아내어 임금으로 모시도록 하지요."

"그래요. 임금을 맞아들여 나라를 세우도록 합시다."

여섯 마을의 우두머리가 한창 회의를 하는데, 알천의 언덕 남쪽 끝 양산 기슭에서 이상한 기운이 하늘에서 내려오는 거야. 그들은 깜짝 놀라 그곳으로 달려갔어. 이상한 기운은 나정 우물가 풀숲에 드리워져 있었는데, 하늘에서 눈이 부시도록 하얀 말이 내려

와 무릎을 꿇고 절을 하고 있었단다. 말 앞에는 자줏빛 알이 놓여 있었지.

하얀 말은 사람들을 보더니 큰 소리로 한 번 울고 재빨리 하늘로 올라갔어.

여섯 마을의 우두머리는 신기한 듯 알을 만져 보다가 그 알을 갈라 보았단다. 그랬더니 알에서 잘생긴 남자아이가 나오는 거야.

"하느님이 우리에게 보내 주신 아기가 틀림없어요. 나중에 임금으로 모시라고요."

여섯 마을의 우두머리는 아기를 동천이라는 샘으로 데려가서 맑은 물로 깨끗이 씻겼어. 그러자 아기의 몸에서 번쩍번쩍 빛이 났어. 그때 숲속에 사는 새와 짐승들이 빛을 보고 모여들었지. 동불늘은 아기 주위를 돌며 즐겁게 춤을 추었어. 그뿐만 아니라 하늘과 땅도 춤추듯 흔들리고 해와 달이 더욱 밝은 빛을 내보냈어.

"새와 짐승뿐만 아니라 하늘과 땅, 해와 달까지 아기의 탄생을 기뻐하는군요. 이 아기는 우리나라뿐만 아니라 온 세상을 밝게 다스릴 분이에요. 그래서 이름을 '혁거세'라고 짓도록 하지요. '밝은 빛으로 세상을 다스린다'는 뜻을 담아서요. 아기가 박처럼 생긴 알에서 나왔으니 성은 '박'으로 정하지요."

얼마 뒤 알영정이란 우물가에 닭 모습을 한 계룡 한 마리가 나타나 왼쪽 옆구리로 여자아이 하나를 낳고는 하늘로 날아올랐어. 이 여자아이가 바로 '알영'으로, 박혁거세가 임금이 되자 왕비가 되었지. 박혁거세는 무럭무럭 자라 13세에 임금이 되었으며 나라 이름을 '서라벌'이라 했어. 나라 이름은 뒷날 '신라'로 바꾸었지.

수로가 태어나기 전에 한반도 남쪽의 가야 지역에는 나라 이름도 없고 임금도 신하도 없었어. 다만 아홉 마을로 나뉘어 아홉 명의 우두머리가 백성들을 다스리고 있었어.

기원전 42년 3월의 어느 날, 아홉 명의 우두머리와 백성들은 풍년을 비는 제사를 지내려고 북쪽의 구지봉으로 갔어. 그때 구지봉 쪽에서 이런 소리가 들려왔지.

"하느님께서는 내게 이곳에 나라를 세우고 임금이 되라는 명령을 내리셨다. 구지봉 꼭대기의 흙을 파면서 이 노래를 불러라.

거북아, 거북아

머리를 내밀어라.

내밀지 않으면

잡아서 구워 먹겠다.

노래를 부르며 신나게 춤을 추어라. 그러면 너희들은 임금을 맞이하게 될 것이다."

아홉 명의 우두머리는 시키는 대로 구지봉 꼭대기로 올라가 흙을 파면서 노래하고 춤추었어. 그러자 하늘에서 자줏빛 줄이 내려왔는데, 그 줄 끝에는 붉은 비단 보자기에 싸인 황금 상자가 매달려 있었어. 아홉 명의 우두머리는 붉은 비단 보자기를 풀고 황금 상자를 열었어. 그랬더니 그 안에는 둥근 황금 알이 여섯 개나 들어 있었단다.

사람들은 두렵고 떨리는 마음으로 황금 상자 앞에 무릎을 꿇고 황금 알을 향해 수없이 절을 하였어. 그러고는 황금 상자를 '아도간'이란 우두머리의 집에 보관했지.

다음날 아도간의 집에 다시 모인 우두머리들은 황금 상자를 열고 소스라치게 놀랐어. 여섯 개의 황금 알은 간 데 없고 여섯 명의 남자아이가 상자 속에 앉아 있었던 거야.

남자아이들은 빠르게 자랐어. 십여 일이 지나자 거인으로 변해 있었단다. 그중에서도 알에서 가장 먼저 나온 아이는 키가 무려 9척이나 되었지.

우두머리들은 가장 먼저 나왔다고 하여 이 아이 이름을 '수로'라 지었어. 그리고 황금 알에서 나왔다고 하여 김 씨 성을 붙여 주었지.

우두머리들은 김수로를 임금으로 모셨어. 이 사람이 바로 수로왕으로, 뒷날 금관가야로 불리는 대가락 또는 가야국을 다스렸단다.

수로왕과 함께 알에서 나온 다섯 사람도 다섯 가야의 임금이 되었어. 다섯 가야는 대가야·성산가야·아라가야·소가야·고령가야야.

> **고구려·신라·가야의 건국 신화에서는 왜 시조를 알에서 태어난 사람이라고 했을까요?**

새로운 땅에 새 나라를 세우려는 사람들이라면 백성들에게 어떤 모습을 보이고 싶을까? 자신은 특별한 존재라는 것을 널리 알리고 싶겠지? 예를 들어 자신은 하늘이 이미 정해 놓은 왕, 즉 태양의 아들이라고 말이야.

사람들의 마음을 움직이는 방법 중에 가장 효과적인 것이 바로 태양이야. 태양은 둥글잖아. 그러니 둥근 알에서 태어난 존재야말로 신비롭고 특별하지.

또한 닭은 고대 사회에서 신비한 능력을 가진 동물로 숭배받았단다. 해가 뜨는 시각을 알려 주는 닭이야말로 하늘의 기운을 받은 신성한 동물이었어. 닭은 다산과 생명력의 상징인 알을 낳지.

고구려·신라·가야의 건국 신화에서 시조들이 대부분 알에서 태어나는 난생 신화는 이렇게 나타나게 되었단다.

## 03

# 거북 떼가 다리를 만들어 주몽을 구하다

　　고구려의 시조인 주몽은 금와왕이 다스리는 동부여에서 어린 시절을 보냈어.

　　주몽은 천하제일의 활 솜씨를 자랑했어. 그의 재주를 능가하는 사람은 아무도 없었지.

　　금와왕에게는 일곱 아들이 있었어. 이들에게는 주몽이 눈엣가시였지. 그들은 틈만 나면 이렇게 수군거렸어.

　　"주몽이는 언제 무슨 짓을 할지 몰라. 그놈은 알에서 나왔거든. 아버지가 돌아가시면 우리를 죽이고 왕 자리에 앉을 거야!"

　　일곱 왕자는 주몽의 재주가 워낙 뛰어나자 몹시 불안해했어. 그들은 주몽을 없앨 궁리를 하였단다.

　　금와왕은 주몽에게 말 기르는 일을 맡겼어. 주몽은 좋은 말과 나쁜 말을 구별할 줄 알았어. 그래서 가장 좋은 말은 혀에 바늘을 꽂아 두어 일부러 못 먹게 만들고, 나쁜 말들은 잘 먹였어. 그러자 가장 좋은 말은 여위어 뼈만 앙상해졌고, 나쁜 말들은 피둥피둥 살이 쪘지.

얼마 뒤 금와왕이 마구간에 들렀어. 금와왕은 거의 모든 말이 살쪄 있는 것을 보고 몹시 기뻐했어. 금와왕은 주몽에게 상으로 여윈 말을 주었지.

하루는 어머니인 유화 부인이 주몽을 불러 말했어.

"왕자들과 신하들이 너를 해치려 하니 어서 이곳을 떠나거라. 네가 가진 재주와 지혜라면 장차 큰일을 할 수 있을 것이다."

주몽은 그날 밤 떠나기로 하고 세 청년을 집으로 불렀어. 이들은 주몽을 따르는 동지들이었어. 주몽은 마구간에서 말 한 마리를 꺼냈어. 금와왕에게 받은 말이었지. 주몽은 혀에 꽂힌 바늘을 빼내 여윈 말을 기름진 말로 바꾸어 놓았던 거야.

주몽은 세 청년과 함께 말을 타고 궁전을 떠났어. 그들은 남으로 남으로 말을 달렸지.

새벽녘쯤 왕자들은 주몽이 달아난 것을 알아차렸어.

"주몽을 뒤쫓아라. 멀리 달아나지는 못했을 거다."

왕자들은 병사들을 이끌고 주몽의 뒤를 쫓기 시작했어.

주몽 일행은 강가에 다다랐어. 압록강 동북쪽에 있는 '엄체

수'라는 곳이었지. 그곳에는 배 한 척 없었어. 주몽 일행이 강을 건너지 못해 발을 동동 구르고 있을 때였어.

"주몽이 저기 있다! 잡아라!"

하는 고함 소리가 뒤에서 들려왔어. 왕자들과 병사들이었지.

주몽은 눈앞이 캄캄해졌어. 꼼짝없이 붙잡히게 된 거야. 주몽은 하늘을 우러러보며 혼자 중얼거렸어.

"하느님, 저를 구해 주십시오. 저는 해모수의 아들이니 하느님의 손자 아닙니까. 그리고 어머니는 물의 신인 하백의 딸입니다. 저를 위해 다리를 놓아주십시오."

기도를 마치자 갑자기 희한한 일이 벌어졌어. 거북 떼가 나타나 다리를 만들어 놓는 거야. 주몽 일행은 재빨리 그 위를 걸어 강을 건넜지.

추격해 온 병사들은 놀란 눈으로 그 광경을 지켜보았어.

"우리도 건너자."

대소 태자가 이렇게 말하며 강가로 다가섰어. 그러자 거북

들이 흩어져 물속으로 사라지는 거야.

"아뿔싸! 이 일을 어찌 한담."

대소 태자는 강 건너편에서 멀어져 가는 주몽을 바라보며 탄식했어.

주몽은 유유히 강가를 벗어나 졸본 땅으로 갔어. 그리고 그곳에 나라를 세우고 임금의 자리에 올랐지. 나라의 이름을 '고구려'라 칭하고, 자신의 성을 고 씨라 했어.

임금이 된 주몽은 자신을 위기에서 구해 준 거북 떼를 잊을 수 없었어. 그래서 그 은혜에 보답하려고 이런 명령을 내렸단다.

"앞으로는 누구든지 거북을 잡거나 죽이지 말라. 이를 어기면 사형에 처할 것이다."

주몽의 명령은 그대로 지켜져 나라에서는 거북 잡는 것을 법으로 금했어. 그 뒤로 고구려에서는 수많은 거북들이 관(官)의 보호 속에 천수를 누렸다는구나.

# 암거북과 수거북은 왜 서울 거리에 나타났을까요?

서울시 강북구 미아동에는 얼마 전까지 거북처럼 생긴 큰 바위가 있었어. 이 바위가 바로 '거북 바위'로, 미아 지역 재개발 사업에 따른 아파트 건립으로 없어졌지. 하지만 거북에 얽힌 다음과 같은 전설은 그대로 남아 입에서 입으로 전해지고 있단다.

까마득히 오랜 옛날, 하느님은 서울 땅에 북한산과 도봉산을 만들어 세웠어. 그 산들이 어찌나 아름다운지 산을 보고 감탄하지 않는 사람이 없었지.

오랜 세월이 흐른 뒤, 황해 바다 용왕은 서울에 있는 산들에 대한 소문을 듣고 거북 한 쌍을 불러 말했어.

"너희들은 북한산과 도봉산을 둘러보고 오너라. 산이 어떻게 생겼고, 얼마나 아름다운지 자세히 살펴보고 와서 나한테 알려 주어라."

암거북과 수거북은 용왕의 명을 받고 황해 바다에서 한강을 거슬러 올라와 서울 거리에 나타났어. 서울 사람들은 거북 한 쌍을 보고 깜짝 놀랐지. 거북은 집채만 했어. 두 마리가 거리를 휘젓고 다니자 집이 무너지고 사람들이 깔려 죽었지.

"거북을 서울에서 쫓아내라!"

나라에서는 군사들을 동원하여 활을 쏘아 거북을 한강으로 내몰려고 했어. 그러나 거북 한 쌍은 비 오듯 쏟아지는 화살을 뚫고 인왕산을 기어올라 북한산으로 넘어갔어.

두 거북은 북한산에서 길을 잃고 서로 헤어지게 되었지. 그러자 암거북은 제가 온 길을 되밟아 바다로 돌아갔는데, 수거북은 북한산에 그대로 남아 있었어. 도봉산도 둘러봐야 했기 때문이야.

그런데 이때 인왕산 신령과 북한산 신령은 성난 표정으로 수거북을 노려보고 있었어.

"못된 놈! 남의 산을 쑥밭으로 만들어?"

두 신령은 힘을 합쳐 수거북을 공격했어. 하지만 수거북의 힘이 엄청나서 도저히 당할 수가 없었지. 두 신령은 삼각산 신령과 도봉산 신령을 불러 함께 수거북을 공격했어. 싸움은 아주 격렬해져 서로 치고받고 피를 흘렸지.

네 신령은 수거북을 노원구 상계동의 수락산 쪽으로 쫓아낼 생각이었어. 그러나 수거북이 끝까지 버티어 뜻을 이룰 수 없었단다.

그때 하늘나라에서는 하느님이 이 싸움을 내려다보고 있었어.

"고얀 것들! 잠도 못 자게 소란을 피워?"

화가 난 하느님은 수거북을 바위로 변하게 했어. 그리고 네 신령은 단풍나무로 만들어 버렸지.

그 뒤부터 해마다 가을이 되면 거북 바위를 둘러싼 산에는 단풍나무가 아름다운 경치를 이루게 되었어. 신선들이 자주 찾아와 거북 바위 위에 앉아 장기를 두며 즐겁게 놀았다고 해.

# 04

## 한반도 지역을 휩쓴 공포의 메뚜기 떼

노벨 문학상을 받은 펄 벅의 소설 『대지』에 보면 다음과 같은 장면이 나온단다.

……메뚜기들이 하늘로 펼쳐져 올라가며 땅을 뒤덮었다. 그러자 왕룽이 그의 일꾼들을 불렀다.……하늘이 캄캄해지면서 공중에는 서로 부딪치는 수많은 날개들이 단조롭고 시끄럽게 울리는 소음으로 가득했다. 이 밭은 말짱하게 남겨 두고 그냥 날아가다가도 저 밭에는 마구 몰려들어 겨울처럼 황량하게 만들며 모두 먹어 치우다 떨어져 죽었다.

사람들이 한숨을 짓고 "하늘의 뜻이 그러하니까."라고

말했지만, 왕룽은 격노해서 메뚜기들을 후려치고 짓밟았으며, 그의 일꾼들이 도리깨를 휘둘러 때리니까 메뚜기들은 붙여 놓은 불길 속으로 떨어지거나 사람들이 파 놓은 수로의 물 위로 떨어져 둥둥 떠내려갔다. 수백만 마리의 메뚜기가 죽었지만 그 숫자는 남은 메뚜기에 비하면 아무것도 아니었다.

어때? 떼로 몰려다니는 메뚜기들과의 싸움 장면이 굉장하지? 『대지』는 중국을 무대로 펼쳐지는 소설인데, 중국 사람들은 메뚜기 떼가 날아오면 공포에 사로잡혔지. 들에 심어 놓은 곡식들을 모조리 먹어 치워 한 해 농사를 완전히 망쳐 놓았으니 말이야.

그런데 메뚜기들 때문에 생긴 피해는 중국뿐만 아니라 한반도 지역에서도 오랜 옛날부터 있어 왔단다. 『삼국사기』 '신라 본기'에는 남해 차차웅 15년(서기 18년)에 메뚜기들 때문에 피해를 입어, 굶주리는 백성들을 위해 창고를 열어 식량을 내주었다는 기록이 나오거든. 이것이 한반도 지역의 메뚜기 피해에 대한 첫 기록이고, 『삼국사기』에는 신라 14번, 고구려 8번, 백제 5번의 기록이 나오지.

그 기록을 살펴보면 백제 초고왕 43년(서기 208년)에는 "메뚜기가 일어나고 심한 가뭄이 들어 곡식이 별로 익지 않았다."고 하였고, 초고왕 46년(서기 211년)에는 "남쪽 지방에서는 메뚜기 때문에 피해를 입어 백성들이 굶주림에 시달렸다."고 했어. 이러한 기록은 『고려사』나 『조선왕조실록』에도 여러 차례 나오는데, 한반도에서도 메뚜기들에 의한 피해가 적지 않았다는 것을 알 수 있지.

이렇듯 메뚜기 떼가 기승을 부리면, 백성들은 임금이 나라를 잘못 다스리거나 지신이 노하여 이런 재앙이 일어나는 것이라고 믿었지. 그래서 나라에서는 메뚜기 떼를 물러가게 해 달라고 제사를 지냈어.

> 『삼국사기』의 메뚜기 피해 기록으로 보아
> 고구려·백제·신라는 한반도가 아니라
> 중국 대륙에 있었다고요?

떼로 몰려다니며 농작물에 피해를 주는 메뚜기는 전 세계에 7종이 있다고 알려져 있어. 주로 아프리카, 남아메리카, 서남아시아, 중국 등지에 있는데, 이 메뚜기는 '이주형' 메뚜기라고 한다는구나. 그런데 한반도 지역에 있는 메뚜기는 한 군데 정착해서 살아가는 '단서형' 메뚜기라는 거야.

사학자 정용석 선생은 『삼국사기』의 메뚜기 피해 기록으로 보아 이 메뚜기는 중국에 있는 이주형 메뚜기이고, 따라서 고구려, 백제, 신라는 한반도가 아니라 중국 대륙에 있었다는 주장을 하기도 했지. 그러나 『고려사』와 『조선왕조실록』에 나오는 메뚜기 피해 기록은 어떻게 설명해야 할까? 우리나라에서 메뚜기 피해는 1930년까지 그 기록이 나오고, 그 이후부터는 기록이 없거든.

한반도 지역을 휩쓴 메뚜기는 펄 벅의 소설 『대지』의 이주형 메뚜기는 아닌 게 분명해. 그 대신 단서형 메뚜기라 해도 그 수가 엄청나게 늘어나 농작물에 피해를 주었다고 보아야겠지.

## 05

# 고구려는 말과 철로 대제국을 건설했다

    고구려는 압록강 중류 일대에 자리 잡은 작은 나라였어. 그런데 비류국·행인국·북옥저·개마국·구다국·낙랑국·동옥저 등 주위에 있던 여러 나라들을 정복하여 한반도 북부와 만주 지역을 차지한 대제국이 되었지. 지금의 중국 수도인 북경 근처까지 진출했다고 하니 당시 고구려가 대륙을 호령하는 강한 나라였음을 알 수 있겠지?

    고구려 사람들이 고구려를 대제국으로 건설할 수 있었던 것은 말과 철을 사용하여 만든 막강한 철갑 기병이 있었기 때문이란다.

    철갑 기병은 말과 기병이 강철 갑옷으로 무장한 군단을 말하는데, 철갑으로 무장한 말을 '개마', 개마에 탄 기병을 '개마 무사'

라고 하지.

　개마 무사가 입는 갑옷은 비늘 모양인 찰갑(札甲)이야. 보병은 갑옷 저고리만 입는 데 비해, 기병은 갑옷 저고리에다 갑옷 바지까지 갖춰 입었어. 온몸을 중무장하여 드러나는 것은 얼굴과 손뿐이었지. 말도 머리에는 얼굴 가리개를 씌우고 몸 전체에 갑옷을 입혔어.

　이렇게 말과 기병이 철갑으로 무장하는 것은 철갑 기병에게 맡겨진 일이 적진 돌파였기 때문이야. 고구려의 군사는 보병과 기병으로 나누는데, 전투가 시작되면 기병이 먼저 나서서 적진을 돌파해 진영을 흩어 놓았어. 그다음에는 보병이 돌격하여 혼란에 빠진 적군을 무찔렀지.

　기병의 주된 무기는 5.4미터가 넘는 길고 무서운 창이야. 고구려 고분 벽화에는 창을 들고 있는 기병의 모습이 그려져 있단다.

　고구려가 막강한 철갑 기병을 보유할 수 있었던 것은 말을 많이 확보하고, 좋은 철을 만드는 기술이 뛰어났기 때문이야.

　고구려 사람들은 오랜 옛날부터 야생마를 잡아 길들였어. 고구려의 말은 덩치가 크지 않고 키가 작았지. 말을 탄 채로 과일나무 아래를 지나길 수 있어 이 말을 '과하마(果下馬)'라고 불렀어. 힘이 좋아 산을 가볍게 넘고, 쌀을 물에 타서 먹이면 온종일 달려도 지치지 않아 '천리마'라는 이름을 얻을 정도였단다.

고구려 사람들은 철갑 기병 조직을 위해 말을 많이 늘리고 철저히 보호했어. 말을 몰래 죽이는 사람은 노비 신분으로 떨어뜨리기까지 하였지.

고구려의 말이 강하고 뛰어나다는 소문은 수많은 전쟁을 통해 중국에까지 널리 퍼졌어. 따라서 고구려와 우호적인 나라에

서는 고구려의 말을 선물로 받기 원했어. 고구려에서는 오나라·송나라·남연 등에 말 수백 마리를 보내 주기도 하였는데, 남연에서는 답례로 앵무새와 물소를 보내 왔지.

고구려는 고조선과 부여의 제철 기술을 물려받아 좋은 철을 많이 생산했어. 그 기술은 중국보다 뛰어났기 때문에 만주에서 출토되는 질 좋은 철광석으로 중국 제품을 능가하는 우수한 철기를 많이 만들었지. 고구려는 철갑 기병을 무장하는 데 필요한 여러 장비를 비롯하여, 성능 좋은 철제 무기를 대량 생산하였기에 중국에 맞서 싸워 이겨 대제국으로 성장할 수 있었단다.

> **살수대첩의 숨은 공신은
> 고구려의 철갑 기병을
> 이긴 건무 왕자라면서요?**

수나라 양제가 정규군 113만 대군을 이끌고 고구려 원정에 나선 것은 고구려 영양왕 23년(612년) 1월이었어. 전군을 46군으로 나누어 하루에 1군씩 평양성을 목표로 출발시켰는데, 출발하는 데만 40일이 걸렸고, 그 행렬이 무려 960리에 이르렀어. 육군뿐 아니라 해군도 동원했는데, 10만 병력에 3천 척의 전함을 거느린 대선단이었어. 배의 행렬이 무려 수백 리에 뻗쳤지.

영양왕은 수나라 대군에 맞서 싸우기 위해 육군은 을지문덕 장군에게, 해군은 자신의 동생인 건무 왕자에게 맡겼어.

수나라 양제는 요동성을 여러 번 공격했어. 그러나 태수 서신의 지휘 아래 목숨을 걸고 용맹스럽게 싸우는 고구려군을 당해낼 수가 없었어. 수나라 양제는 할 수 없이 우문술·우중문에게 30만 5천 명의 별동대를 주어 평양성을 향해 진격하라고 명령했어. 내호아 장군이 이끄는 수나라 해군이 대동강 하구에서 진을 치고 기다리고 있으니, 수나라 해군과 만나 대동강을 거슬러 올라가 함께 평양성을 공격하기로 한 거야.

건무는 수나라군의 작전을 손바닥처럼 들여다보고 있었어. 그래서 수나라 육군과 해군이 못 만나게 수나라 해군을 물리칠 작전을 세웠어.

건무는 고구려 해군을 이끌고 나가 수나라 해군에게 먼저 싸움을 걸었어. 그랬다가 일부러 패배한 척 달아났어. 이런 일이 계속되자 수나라 해군 총사령관인 내호아 장군은 기고만장해졌어.

"하하하! 고구려군이 형편없구나. 저 정도 수준이라면 고구려 평양성을 쉽게 점령할 수 있겠어."

내호아 장군은 수나라 해군에게 총공격을 명령했어. 그리하여 평양성을 향해 진격했는데, 건무는 이미 500여 명의 철갑 기병을 숨겨 놓고 기다리고 있었어.

이 싸움에서 수나라 해군은 건무의 유인 작전에 말려들어, 고구려군의 총공격에 대군이 떼죽음을 당하고 말았어.

수나라 해군이 크게 패하자 수나라 별동대는 힘을 잃었어. 이들은 식량이 떨어져 굶주림에 시달리고 있었는데, 수나라 해군에 속해 있던 보급 선단도 모두 전멸당한 뒤였어. 수나라 별동대는 어쩔 수 없이 철수를 결정했지.

하지만 수나라군은 살수에서 을지문덕이 이끄는 고구려군을 만나 몰살을 당했어. 별동대 30만 5천 명 가운데 살아남은 군사는 겨우 2,700여 명뿐이었어. 이처럼 큰 승리를 거둔 전투를 '살수대첩'이라고 해.

그러나 고구려의 철갑 기병을 이끈 건무가 수나라 해군을 물리치지 않았다면 을지문덕의 살수대첩은 없었을 거야. 건무야말로 살수대첩의 숨은 공신이었지.

건무는 영양왕의 뒤를 이어 왕위에 올랐는데, 그가 바로 고구려 제27대 영류왕이야.

## 06

# 삼국 시대부터 시작된 소싸움

소싸움은 두 소를 맞붙여 싸우게 하고 사람들이 이를 보면서 즐기는 놀이야.

소는 평소에 순하지만 몹시 흥분하면 곧잘 싸우지. 소싸움은 소의 이런 성질을 이용하여 행해졌던 민속놀이란다.

소싸움은 삼국 시대부터 시작되었는데, 바쁜 농사일이 끝나는 칠월 백중이나 팔월 한가위에 주로 벌어졌어.

'소싸움은 상머슴의 날이다.'라는 말이 있을 만큼 옛날에 소싸움을 붙이는 것은 상머슴들이었어. 이들은 농사일이 조금 한가해지는 백중날에 마을에 있는 소들끼리 싸움을 붙였어. 그래서 우승하는 소가 나오면 팔월 한가위 추석에 마을 대항 소싸움을 벌였던 거야.

소싸움은 두 마을의 경계에 있는 개울가에서 주로 열렸는데, 추석날 아침에 소 주인은 소를 깨끗이 씻겨 주고 싸움터로 데려가지. 이때 싸움터에는 장터가 생기고 구경꾼들이 모여드는데, 소싸움을 붙이는 것은 '도감'이라 불리는 사람이야. 도감은 소의 나이, 몸집 등을 따져 비슷한 소끼리 싸우게 해.

순서에 따라 도감이 이름을 부르면, 소는 주인과 함께 싸움터로 들어서는 거야. 이때 소와 소 사이에는 장막을 드리우고 소의 고삐와 코뚜레를 풀어 주지.

이윽고 장막이 걷히면 싸움이 시작되는데, 대부분 20분 안에 승부가 가려져. 어느 한쪽이 밀리거나 달아나면 패한 것으로 판정하기 때문이야.

싸움에 이긴 소는 목과 뿔이 비단이나 들꽃으로 장식되고, 소 주인이나 상머슴은 소를 타고 마을로 돌아와 밤늦도록 잔치를 벌인단다.

다른 나라에도 소싸움이 있긴 하지만 우리의 소싸움과는 확연히 달라. 우리의 소싸움은 소끼리의 싸움이지만 다른 나라의 소싸움은 소와 사람의 싸움이거든. 그리고 스페인의 투우가 그렇듯이 소가 죽어야 싸움이 끝나는 데 비해, 우리 소싸움은 어느 한쪽이 밀리거나 달아나면 싸움이 끝난단 말이야. 그런 면에서 보면 소를 칼로 찌르는 잔인함과 비정함이 없는 것이 우리 소싸움의 특징이라 할 수 있지.

옛날부터 우리나라에서 소싸움을 주로 벌인 곳은 경상남도 지방 그리고 그곳과 인접한 경상북도 일부 지역이었어. 이 곳에서 소싸움이 흔히 벌어졌던 것은 소들이 다른 지방보다 크고 튼튼했기 때문이야.

소싸움은 오늘날에도 진주, 의령, 함안, 김해, 청도 등을 중심으로 해마다 성대하게 행해지고 있단다.

>
> 우리나라에서는 옛날부터
> 닭싸움인 투계를 했다면서요?

투계는 특별히 훈련시킨 닭들을 싸움 붙이는 놀이야. 사람들은 이를 보고 즐기거나 두 패로 나뉘어 내기를 건단다.

투계는 아주 오랜 옛날부터 세계 여러 나라에서 행해졌어. 기원전 2,500년쯤인 인도의 모헨조다로 유적에서 발굴된 도장에는 닭들이 싸우는 모습이 있는데, 고대 인도에서 투계가 성행했음을 알 수 있지.

그 후 인도의 투계는 페르시아로 전해졌고, 나중에는 그리스·로마를 비롯하여 유럽의 여러 나라로 퍼졌단다. 16세기에 영국의 국왕 헨리 8세는 투계를 좋아하여 왕실 전용 투계장을 두고 투계를 즐겼다고 해.

중국을 비롯하여 동남아시아 여러 나라에서도 투계가 성행했어. 8세기경 당나라 현종도 투계를 좋아해서 왕궁에 커다란 닭방을 두어 수천 마리를 길렀는데, 닭을 돌보는 아이들만 해도 500명이었대.

우리나라에서도 옛날부터 전국적으로 투계가 열렸어. 투계는 닭이 털갈이를 끝내는 봄부터 시작하여 가을까지 이어졌어. 장터나 넓은 마당에 싸움터를 마련하여 닭들끼리 싸움을 붙였지.

여기에 나오는 닭들은 보통 닭이 아니라 인도산 '샤모', 일본산 '한두', 그리고 한두와 토종닭 사이에서 태어난 '우두리' 등의 수탉이었어. 이

닭들은 싸움에 대비해 훈련을 시켰으며 미꾸라지, 뱀, 달걀 등 육식 위주의 먹이를 주었지.

둥근 둥우리 모양으로 만든 지름 4미터, 높이 40센티미터의 공간이 싸움터였어. 닭들은 이 안에서 맞붙어 싸웠는데, 주둥이로 물어뜯고 발톱으로 할퀴었지. 싸움에도 규칙이 있어 싸우는 도중에 주저앉거나 부리가 땅에 닿으면 진 것으로 인정했어. 만약에 한 시간을 싸워도 승부가 나지 않으면 몸무게가 가벼운 쪽이 이긴 것으로 했지. 30분 싸우고 5분 쉬었으며, 쉬는 닭에게 물을 먹였단다.

구경꾼들은 두 패로 나뉘어 돈을 걸었어. 그래서 승부가 나면 이긴 닭에게 60퍼센트, 진 닭에게 40퍼센트의 돈을 주었지. 싸움이 끝나면 그 자리에서 죽은 닭을 요리하여 술안주를 만든 뒤 술판을 벌였다고 해.

우리나라에서는 투계가 8·15 광복 전까지 전국에서 행해져, 많은 사람들이 이를 보고 즐겼단다.

# 07

# 돼지 덕분에 태자를 낳을 후궁을 얻은 산상왕

고구려 제10대 산상왕은 왕위에 오른 지 7년이 되어도 아들이 없었어. 아들이 있어야 왕위를 물려줄 태자로 삼을 텐데 왕비 우 씨와의 사이에는 자식이 태어나지 않았지.

산상왕 7년(203년) 3월, 왕은 아들을 낳게 해 달라고 천신에게 기도를 드렸어. 그런데 그날 밤 천신이 왕의 꿈에 나타나 이런 말을 하는 거야.

"내가 네 후궁으로 하여금 아들을 낳게 해 주마. 그러니 너무 걱정하지 마라."

잠에서 깨어난 산상왕은 신하들을 불러 말했어.

"내 꿈에 천신이 나타나 후궁에게 아들을 낳게 해 주겠다고 말씀하셨소. 하지만 나한테는 후궁이 없으니 어찌하면 좋겠소?"

재상 을파소가 말했어.

"천신의 명은 인간으로서 헤아릴 수 없습니다. 언젠가 천신께서 대왕마마께 후궁을 구해 주실 테니, 그 명이 이루어질 때까지 기다려 보시지요."

그로부터 5년이 지난 산상왕 12년(208년) 11월이었어.

어느 날 산상왕이 들판에서 하늘에 제사를 지내려고 하는데, 상 위에 올려놓은 돼지가 줄을 끊고 달아났어.

"아니, 저 돼지가……. 빨리 가서 잡아 오너라!"

왕의 명을 받은 신하는 죽어라 뛰어 돼지를 쫓아갔어.

돼지가 달아난 곳은 '주통촌'이라는 마을이었지. '주통'이 술을 담는 나무통이니, 주통만을 만드는 장인 마을이었어.

신하는 돼지를 잡으려고 주통촌까지 쫓아갔어. 그런데 마을에서 스무 살쯤 된 아름다운 처녀가 돼지를 너무 쉽게 잡는 거야.

신하는 깜짝 놀랐어. 무척 날쌘 돼지라서 아무도 잡지 못했는데 젊고 아름다운 처녀가 가볍게 돼지를 잡아 주었으니 말이야.

신하는 왕에게 돌아와 돼지를 잡은 사연을 자세히 아뢰었어.

"젊고 아름다운 처녀가 돼지를 잡아 주었다고?"

산상왕은 불현듯 호기심이 생겼어. 그 처녀를 만나 보고 싶었지. 그날 밤 산상왕은 돼지 뒤를 쫓아갔던 신하를 앞세우고 처녀를 만나러 주통촌을 찾아갔어.

처녀의 집에서는 왕이 온 것을 알고 황송하여 어쩔 줄을 몰랐어. 처녀가 곧 방으로 들어왔는데, 산상왕은 처녀의 얼굴을 보고 벌린 입을 다물지 못했지.

'참으로 어여쁘구나! 우리 고구려에 이런 미인이 있었다니.'

처녀는 산상왕에게 말했단다.

"비록 천한 몸이오나 후일을 기약하시지 않으시면 대왕마마를 모실 수 없습니다."

"그게 무슨 말이냐? 후일을 기약하라니……?"

"만약에 저에게 아기가 생기면 버리지 말아 주십시오."

"하하하, 알겠다. 걱정하지 마라."

'후녀'라는 이름의 그 처녀는 결국 왕의 아이를 낳았어. 산상왕은 크게 기뻐하며 후녀를 후궁으로 맞아들였단다. 이때 얻은 자식은 교외에 나가 하늘이 돼지를 통해 얻게 해 준 아들이라고 해서 그 이름을 '교체'라고 했어.

산상왕은 왕비 우 씨 사이에 아들이 없어 교체를 태자로 삼았는데, 이 교체가 고구려 제11대 동천왕이야.

> 우리 민족은 삼국 시대에
> 쇠고기보다 돼지고기를
> 즐겨 먹었다면서요?

삼국 시대에는 쇠고기보다 돼지고기를 더 즐겨 먹었다고 해. 돼지고기는 지방질이 많아 열량을 많이 얻을 수 있고 맛이 아주 좋았거든. 게다가 고기가 연하고 값이 싸서 누구든지 부담 없이 먹을 수 있었지. 돼지고기는 잡은 지 사나흘 된 것이 제일 맛있으며, 좋은 것은 연한 분홍색에 살이 단단하고 결이 곱다는구나.

돼지고기는 뒷다리, 갈비, 등심, 방아살, 어깨살 등으로 나누어져. 돼지고기 요리는 삶아 누른 제육을 양념하여 만든 구이나 볶음, 갖은 양념을 한 갈비나 등심, 또는 직접 구워 먹는 삼겹살, 돼지족 등이 있어.

돼지고기의 전통 요리로 유명한 것은 '애저찜'이야. '애저'는 어미 돼지 뱃속에 있는 새끼 돼지인데, 이 새끼 돼지를 가마솥에 넣고 푹 삶아서 먹는 음식이야. 전라도 광주와 진안 지방 등에서 즐겨 먹던 보신 음식이란다.

돼지고기는 단백질이 높고 비타민 A, 비타민 B가 풍부해. 다만 기생충인 선모충병에 감염될 수 있기 때문에 날로 먹지 말고 충분히 익혀서 먹어야 하지.

## 08

# 신라 소지왕을 구해 준
# 쥐와 까마귀

    신라 제21대 소지왕이 왕위에 오른 지 10년째가 되는 488년에 일어난 일이야.

    정월 보름날 왕이 천천정(天泉亭)을 향해 가는데, 난데없이 쥐와 까마귀가 와서 울부짖는 거야.

    쥐는 사람처럼 입을 열어 이렇게 말했어.

    "이 까마귀가 날아가는 곳을 쫓아가 보세요."

    소지왕은 심상치 않은 일이라 여겨 기병에게 까마귀를 따라가라고 명령했어. 기병은 말을 몰아 까마귀가 날아가는 곳을 향해 달렸지.

    기병이 남쪽으로 내려가 지금의 경주 남산 동쪽 기슭에 있는 피촌에 이르렀을 때였어. 돼지 두 마리가 길을 막고 한창 싸우고

있는 거야.

 기병은 좋은 구경거리를 만난 듯 잠시 멈춰 서서 돼지들이 싸우는 것을 지켜보았어. 그러다가 그만 까마귀를 놓치고 말았지 뭐야?

 '이 일을 어쩌지? 까마귀를 놓치고 말았으니 임금께 큰 벌을 받게 생겼네.'

기병은 울상을 지으며 그 근처의 길을 헤맸어. 그런데 그때 한 노인이 연못 속에서 나와 기병에게 편지 한 통을 주는 거야. 편지 겉봉에는 이렇게 씌어 있었지.

'뜯어보면 두 사람이 죽고, 뜯어보지 않으면 한 사람이 죽을 것이다.'

기병은 편지를 들고 왕에게 돌아와서 공손히 바쳤어.

"뜯어보면 두 사람이 죽고, 뜯어보지 않으면 한 사람이 죽는다고? 두 사람이 죽는 것보다 한 사람이 죽는 것이 낫겠지?"

소지왕은 편지 겉봉에 적힌 글을 읽고 편지를 뜯어보지 않기로 했어.

그러자 곁에 있던 일관이 왕에게 아뢰었어.

"두 사람이란 일반 백성이고, 한 사람이란 바로 왕을 가리키는 것입니다."

"그래? 그렇다면 편지를 뜯어봐야겠군."

소지왕은 편지를 뜯었어. 그 안에는 이런 사연이 적혀 있었지.

'거문고 갑을 쏘아라.'

소지왕은 궁궐로 돌아와 거문고 갑을 향해 활을 쏘았어. 그러자 사람의 비명 소리가 들려왔지.

거문고 안에는 궁궐에서 불공을 드리는 스님과 왕비가 껴안은 채 죽어 있었어. 남몰래 정을 통해 오던 두 사람은 왕을 암살하려고 거문고 속에 숨어 있다가 화살에 맞은 거야.

이런 일로 하여 사람들은 매년 정월의 첫 돼지날, 쥐날, 말날에는 모든 일을 꺼리고 조심하게 되었어. 그리고 정월 보름날을 까마귀 제삿날로 정해 찰밥으로 제사하는 풍습이 생겼지.

또한 노인이 나와 편지를 전한 연못은 '서출지(書出池)'라 이름 붙였다는구나.

> **쥐는 미래에 일어날 일을
> 미리 알려 주는 동물이라고요?**

『삼국사기』에는 쥐가 왕에게 까마귀를 따라가라고 해서 그대로 쫓았더니, 왕을 암살하려고 거문고 갑 속에 숨은 자들을 잡을 수 있었다는 이야기가 나온단다. 이 이야기를 통해 알 수 있듯이, 옛날 사람들은 쥐를 미래에 일어날 일을 미리 알려 주는 동물로 인식했어. 그래서 집 안에 있던 쥐가 갑자기 사라지면 불길하게 여겼고, 바다로 나가기 전에 쥐가 배에서 내리면 어부들은 출항을 하지 않았지.

서해안과 남해안 지역에서는 배에 서낭을 모셔 풍어와 안전을 기원했어. 이를 '배서낭'이라 하는데, 풍어와 안전을 지켜 주는 신으로 모신 것이 쥐였어. 어부들은 일부러 배 안에 쥐들을 풀어놓아 살도록 했다고 하지.

천지 창조 신화인 함경도 무당 노래 〈창세가〉에는 생쥐가 영물로 나오지. 미륵은 천지 창조 때 인간을 만들기 전에 생쥐를 붙잡아 이렇게 물었단다.

"너는 물과 불의 근원을 아느냐?"

생쥐가 눈을 반짝이며 되물었어.

"제가 알려드리면 저한테 무엇을 주시겠습니까?"

"이 세상에 있는 뒤주를 모두 네가 차지하도록 해 주마."

미륵의 대답에 생쥐는 다시 입을 열었어.

"좋습니다. 물과 불의 근원을 알려드리지요. 소하산에 들어가면 샘이 있는데, 물이 솔솔 나와 물의 근원을 알 수 있을 것입니다. 금정산에 들어가면 한쪽은 차돌, 다른 한쪽은 무쇠인 돌이 있는데, 툭툭 치면 불이 나서 불의 근원을 알 수 있을 것입니다."

미륵은 생쥐가 시키는 대로 해 물과 불을 쓰게 되어, 그동안 생식만 하다가 화식을 하게 되었어. 또한 생쥐는 그 공으로 세상의 모든 뒤주를 차지하게 되었지. 이 천지 창조 신화에서 쥐는 물과 불의 근원을 아는 영물로서, 인간이 창조되기 전부터 존재해 왔음을 알 수 있어.

# 09

# 말의 목을 단칼에 베어 버린 김유신

    삼국을 통일한 신라 장군 김유신은 17세 때 동료 화랑들과 드나들던 곳에서 '천관'이라는 아름다운 기생을 만났어. 김유신은 그녀에게 첫눈에 반해 버렸지.

    김유신은 단 하루라도 천관을 보지 않으면 병이 날 것 같았어. 김유신이 기생에게 푹 빠져 있다는 소문은 금세 돌았어. 오래지 않아 김유신의 어머니인 만명 부인의 귀에까지 들어갔지.

    만명 부인은 근엄한 얼굴로 아들을 꾸짖었어.

    "화랑은 모름지기 품행이 곧아야 하는데, 네 요즘 생활이 그게 뭐냐? 허구한 날 기생의 꽁무니나 따라다니며 술독에 빠져 지내지 않느냐? 그래서야 어디 네 밑에 있는 낭도들이 너를 존경하며 따르겠느냐? 화랑도라면 화랑 정신을 잊어서는 안 된다. 허랑

방탕한 생활을 청산하고 훌륭한 화랑이 되거라."

"명심하겠습니다, 어머니."

김유신은 만명 부인에게 충고를 듣고 자기 잘못을 뉘우쳤어.

'부끄럽구나. 나라를 위하여 몸과 마음을 다 바쳐야 할 이때에 술집에서 허송세월을 보내다니……. 다시는 이런 잘못을 저지르지 말아야겠다.'

김유신은 이렇게 결심하고 다음 날부터 술집 출입을 삼갔어. 그 대신 날마다 토함산 숲속에 들어가 무술 연마에 힘썼지.

그러던 어느 날 김유신은 말을 타고 집으로 돌아오다가 말 위에서 꾸벅꾸벅 졸았어. 그날따라 무리하게 칼 쓰는 연습을 오래한 탓인지, 몸이 몹시 피곤했던 거야.

말이 걸음을 멈추자, 김유신은 졸음에서 깨어났어.

"앗!"

김유신은 깜짝 놀랐어. 그곳은 자기 집이 아니라 기생 천관의 집 앞이었던 거야. 김유신이 졸고 있는 사이, 말은 평소의 습관대로 주인을 천관에게 데려다 준 거지.

기생 천관이 김유신을 보고 반가운 얼굴로 뛰어나왔어.

김유신은 얼굴을 찡그렸지.

"이놈의 말이 나를……."

말에서 뛰어내린 김유신은 칼을 빼어 들었어.

"에잇!"

김유신은 말의 목을 단칼에 베어 버렸어.

"도, 도련님!"

천관은 놀란 눈으로 이 광경을 지켜보았지.

그러나 김유신은 천관에게 눈길 한 번 주지 않고, 쫓기는 사람처럼 총총히 집으로 향했단다.

천관은 매몰차게 떠난 김유신이 야속했어. 그리고 그 뒤 기생을 그만두고 승려가 되었지. 천관이 죽었을 때 김유신은 술집이 있던 자리에 '천관사'라는 절을 지어 천관의 넋을 기렸다고 해.

# 의병장 김덕령은 왜 자기 말의 목을 베었을까요?

임진왜란 때 의병장 김덕령이 타고 다니던 말은 보통 말이 아니었어. 하늘을 날아다니는 '용마(龍馬)'라 불릴 만큼 썩 잘 달리는 말이었지.
어느 날 김덕령은 활쏘기 연습을 하러 용마를 타고 무등산으로 들어갔어. 김덕령은 용마를 화살보다 빨리 달리게 하는 게 목표였어. 5년 동안 피나는 훈련 끝에 화살만큼 달릴 수 있었지. 하지만 김덕령은 그것으로 만족하지 못했어.
"용마야, 오늘 너는 또 화살과 달음박질을 하는 거야. 네가 화살을 이기면 평생 나와 함께한다. 하지만 네가 지면 나는 네 목을 치겠다."
잠시 뒤 김덕령은 말 위에서 활을 쏘고 전속력으로 내달렸어. 그런데 목적지에 도착해 보니 화살이 보이지 않았어.
"용마야, 네가 졌다. 죽을 각오는 되어 있겠지?"
김덕령은 칼을 뽑아 용마의 목을 베어 버렸어.
그런데 그때 화살이 날아와 바위에 맞았어. 용마는 화살보다 빨리 달려왔던 거야.
"아, 내가 실수를 했구나. 용마를 죽이다니……."
김덕령은 용마를 잃은 슬픔에 목 놓아 울었어. 그리고 말무덤을 만들어 주었지. 그 뒤로 그는 용마만큼 훌륭한 말을 구할 수 없었다는구나.

## 10

# 흰말을 미끼로 용을 낚은
# 당나라 장군 소정방

660년 신라와 당나라 연합군이 백제를 공격해 왔어. 김유신이 이끄는 신라 군사 5만 명은 탄현을 넘어 황산벌을 향해 진군해 오고, 소정방이 지휘하는 당나라 군사 13만 명은 금강을 거쳐 백마강으로 진격해 왔어.

소정방은 기고만장했어. 백마강에 이르기까지 백제군으로부터 공격 한 번 받지 않았기 때문이야. 화살 한 방 맞지 않고 무사 통과했으니, 소정방은 백제를 멸망시키는 것은 시간문제라고 의기양양했어.

"하하하! 하룻강아지 백제군이 어떻게 호랑이 당나라군을 상대할 수 있겠느냐? 얘들아, 빨리 노를 저어라. 백제왕을 항복시켜 내 앞에 무릎 꿇려야겠다."

소정방이 이렇게 큰 소리로 외쳤을 때였어. 빠른 속도로 나아가던 배들이 일제히 멈춰 섰어. 그러더니 꼼짝도 하지 않았지.

소정방은 칼을 뽑아 들고 호령했어.

"빨리 노를 저으라는데 뭣들 하느냐? 왜 갑자기 배를 세워? 혼이 나야 정신을 차리겠느냐?"

"장군님, 큰일 났습니다. 아무리 노를 저어도 배가 앞으로 나아가지 않습니다."

"그걸 말이라고 하느냐? 잘 미끄러져 가던 배들이 왜 움직이지 않아? 그럴수록 힘껏 노를 저으라니까!"

"아무리 노를 저어도 소용없습니다. 배가 움직이지 않습니다. 아무래도 이상합니다. 무슨 이유가 있는 것 같습니다."

"이유라니? 귀신이 우리를 골탕 먹이려고 장난이라도 친단 말이냐?"

"그럴지도 모르죠. 이곳 지리에 밝은 백제 사람을 불러 물어보는 것이 좋을 듯합니다."

"으음, 그래야겠다. 백제의 노인 한 사람을 얼른 잡아 오너라."

소정방의 명령이 떨어지자 당나라 군사들이 배에서 내려 강둑을 서성이던 노인 한 사람을 잡아 왔어.

소정방은 자기 앞에 꿇어앉은 노인을 내려다보며 말했어.

"묻는 말에 거짓 없이 대답해라. 우리 배들이 지금 발이 묶여 꼼짝 않고 있다. 왜 이런 일이 벌어지는지 아느냐?"

노인이 대답했어.

"이 강에 우리 백제를 지키는 신이 살고 계시기 때문이죠. 우리 왕인 의자왕의 아버지 무왕께서 용으로 변하여 당나라 배를 막고 있는 거요."

"뭐, 뭐라고? 그게 정말이냐? 용을 없앨 수 있겠느냐?"

"나는 백제 사람이오. 용을 없앨 수는 없으니 당장 물러가시오. 안 그러면 큰 화를 입게 될 것이오."

노인은 나라를 생각하는 충성스러운 백성이었어. 소정방에게 머리를 굽히지 않고 당당하게 맞섰단다.

"저런 고얀 놈이 있나? 감히 우리를 협박해? 여봐라, 당장 저 늙은이의 목을 베라!"

소정방은 노인을 처형한 뒤 다른 백제 사람을 잡아 오라고 했지. 이번에 끌려온 사람은 욕심 많은 젊은 관리였어.

"백제의 운명은 이미 끝났다. 쓸데없이 버티지 말고 묻는 말에 고분고분 대답해라. 내 말을 잘 듣는다면 금은보화를 주마."

소정방의 제의에 관리는 구미가 당겼어. 그래서 소정방이 용을 없앨 방법을 알려 달라고 하자 이렇게 대답했어.

"어려운 일이 아니죠. 무왕은 원래 흰말, 즉 백마를 좋아했어요. 그러니 백마를 미끼로 써서 낚시를 한다면 쉽게 용을 낚을 수 있을 거예요."

"기막힌 방법이구나. 고맙다."

소정방은 크게 기뻐하며 관리에게 금은보화를 주었어. 이윽고 소정방은 백마 한 마리를 구해 동아줄로 묶은 뒤, 바위 위에서 강물 속으로 던졌어. 얼마 뒤, 곧바로 반응이 왔어. 바닷속에 있던 용이 백마를 덥석 문 것이었지.

"오, 드디어 걸렸다!"

소정방은 흥분하여 소리치며 낚싯대를 잡아당겼어. 그러자 용머리가 물 위로 치솟았어.

하지만 용은 힘이 대단했어. 밖으로 끌려나오지 않으려고 죽을힘을 다해 버텼지. 소정방도 만만치 않았어. 이를 악물며 낚싯대를 잡아당겼어. 이리하여 소정방과 용의 줄다리기는 몇 시간 동안 계속되었지. 좀처럼 승부가 나지 않았어.

"힘 빼지 말고 순순히 올라와라. 네놈은 나를 이기지 못해."

소정방은 젖 먹던 힘을 다해 낚싯대를 잡아당겼어. 그 순간, 용이 물을 박차고 나와 하늘로 치솟더니, 바위 밑으로 떨어져 머리를 부딪쳐 죽고 말았단다.

바로 그때, 거짓말처럼 배들이 움직이기 시작했어. 소정방의 13만 군사는 백마강을 진군하여 사비성으로 쳐들어갔고 백제를 멸망시킬 수 있었지.

사람들은 소정방이 용을 낚아 올린 바위를 '조룡대'라고 불렀어. 그 바위에는 용을 끌어올리느라 생긴 동아줄 자국이 선명하게 남아 있단다. 또한 백마를 미끼로 용을 낚은 강을 '백마강'이라 이름 붙였어. 백마강은 원래 금강인데, 부여를 지나는 부분만 그런 이름을 얻은 거야.

> ## 당나라군은 연인을 위한 선물로 비목어를 챙겼다면서요?

비목어는 눈 한 짝에 몸뚱이도 반쪽이어서, 다른 짝이 있어야 비로소 하나가 될 수 있다는 뜻으로 '광어'를 가리키는 것이야. 이때 광어의 상대가 되는 물고기가 '도다리'야. 중국 사람들은 이 두 물고기가 서로 붙어 있어야 할 운명이라 생각하며 영원한 사랑의 징표로 여겼다는구나. 당나라 현종의 사랑을 받았던 양귀비는 머릿속으로는 걱정이 떠나지 않았어.

'우리의 사랑이 영원히 계속될까? 연리지와 비목어가 있다면 그 사랑이 영원히 이어질 텐데.'

연리지는 두 나무가 가지로 뒤엉켜 한 몸이 되는 것이야. 양귀비는 연리지로 침상을 만들어 그 위에서 자고, 비목어를 요리하여 먹으면 현종과의 사랑이 영원히 계속되리라 믿었어. 하지만 그녀가 사는 서안에서는 연리지는 구해도 비목어는 구할 수 없었지. 양귀비는 한반도 동해에서 비목어가 많이 잡힌다는 소문을 듣고 사람을 보내 드디어 비목어를 구할 수 있었단다. 그 소문은 당나라 전체에 퍼졌어. 백제와 고구려를 치려고 온 당나라 병사들은 너도나도 비목어를 구하러 다녔어. 그들은 귀국길에 연인을 위한 선물로 비목어를 챙겨갔다는구나.

## 11 용이 되어 바닷속에서 나라를 지킨 문무왕

신라 제30대 문무왕은 삼국 통일을 이룬 임금이야. 그는 백성을 다스리는 일에 온 힘을 쏟았는데, 한 가지 풀지 못한 숙제가 있었어. 틈만 나면 왜구가 동해안으로 쳐들어와 백성들을 죽이고 재물을 약탈해 가는 거야. 군사를 늘리고 경계 태세를 강화해도 시도 때도 없이 쳐들어오는 왜구를 막을 수 없었어.

당시 신라에는 '지의법사'라는 고승이 있었는데, 궁전을 자주 드나들었어.

어느 날 문무왕은 지의법사를 만나 말했어.

"우리나라는 오랜 옛날부터 왜구 때문에 큰 피해를 입어 왔소. 내가 죽은 뒤에는 용이 되어 외적의 침입으로부터 이 나라를 지키고 싶소."

문무왕은 지의법사를 만날 때마다 이 말을 되풀이했어. 세상을 떠나기 얼마 전에는 지의법사에게 이런 당부를 했단다.

"내가 이제 죽을 날이 가까워 오는데, 숨을 거두면 내 시신을 거두어 동해에 장사 지내 주시오. 나는 용이 되어 이 나라를 지키겠소."

문무왕은 지의법사뿐만 아니라 태자와 신하들에게도 똑같은 유언을 남겼어.

"내가 삼국을 통일하여 이 땅에 평화를 이루었지만, 동해안으로 쳐들어오는 왜구 때문에 눈을 감을 수가 없구나. 나는 죽은 뒤에 용이 되어 이 나라를 지킬 것이다. 내 시신을 화장해 꼭 동해에 묻어다오."

681년 7월 1일 문무왕이 세상을 떠났어. 태자와 신하들과 지의법사는 문무왕의 유언을 받들어 그의 시신을 화장했어. 그리고 그 유골을 토함산 동쪽 감포 앞바다의 대왕암 바위 밑에 묻었지. 이것이 바닷속에 있는 문무왕의 수중 왕릉이야.

682년에 문무왕의 아들인 신문왕이 아버지의 명복을 빌고, 용이 된 문무왕이 드나들 수 있도록 토함산 기슭에 '감은사'라는 절을 지었단다. 이 절의 법당 밑에는 동해 쪽으로 굴을 뚫어 놓았는데, 용이 된 문무왕이 법당으로 들어올 수 있게 한 것이라는구나.

문무대왕릉

천여 년이 흐른 뒤 임진왜란이 일어났어. 왜군은 감은사로 쳐들어와 범종을 비롯하여 여러 가지 보물을 빼앗았지. 이들은 보물을 배에 싣고 동해로 나아갔어.

그런데 얼마쯤 지났을까, 맑은 하늘이 갑자기 어두워지더니 폭풍우가 몰아치는 거야. 결국 배는 바닷속에 가라앉고 말았지.
　왜군의 배가 침몰한 곳은 대왕암 바위가 있는 감포 앞바다였어. 사람들은 용이 된 문무왕이 폭풍우를 일으켜 왜군을 혼내 주고 감은사의 보물을 지켰다고 믿었단다.

> ## 용은 상상으로 만들어 낸 동물이라면서요?

용은 고대 중국인이 상상으로 만들어 낸 동물이야. 기린, 봉황, 거북과 함께 '사령(四靈)'의 하나로 불리어 왔지.
중국인이 상상했던 용의 모습에 대해 『본초강목』에 다음과 같이 기록되어 있어.

머리는 낙타와 같고, 뿔은 사슴과 같고, 눈은 토끼와 같고, 귀는 소와 같으며, 목은 뱀과 같고, 배는 큰 조개와 같고, 비늘은 잉어와 같고, 발톱은 매와 같으며, 발바닥은 범과 같다. 그리고 등에는 비늘 81개가 있어 99의 양수를 갖추었으며, 그 소리는 구리로 만든 쟁반이 울리는 것 같고, 입가에는 수염이 있으며, 턱 밑에는 구슬이 달리고, 목 아래에는 거슬 비늘이 있고, 머리에는 박산이 있는데 이는 척목이라고도 한다. 용에게 이 척목이 없으면 하늘에 오를 수가 없다. 기운을 토하면 구름이 된다.

이렇게 여러 동물의 좋은 무기를 두루 갖춘 용은 이런 능력이 있다고 『관자』 '수지' 편에 기록되어 있어.

> 용은 물에서 나며, 그 빛깔은 다섯 가지 색을 마음대로 변화시키는 조화 능력이 있는 신이다. 작아지고 싶으면 번데기처럼 작아질 수 있고, 커지고 싶으면 천하를 덮을 만큼 커질 수도 있다. 높이 오르고 싶으면 구름 위로 치솟을 수 있고, 밑으로 내려가고 싶으면 샘 속 깊은 데까지 잠길 수 있다. 용은 이처럼 변화무쌍하고 기상천외한 능력을 갖고 있다.

용의 종류는 아주 다양하여 날개가 있는 용인 응룡, 뿔이 없는 용인 이룡, 뿔이 있는 용인 규룡, 비늘이 있는 용인 교룡, 하늘로 승천하지 못한 반룡 등이 있어. 그리고 용의 빛깔로 나누면 황룡, 청룡, 적룡, 백룡, 현룡(흑룡) 등이 있어.

용의 기원에 대해서는 뱀을 신성시하다가 용으로 인식했다는 '뱀 기원설', 회오리바람이 일어나 강, 바다의 물을 감아올려 기둥처럼 뻗치는 현상, 또는 번개 현상을 용의 승천이나 용으로 인식했다는 '기상학설', 선사 시대의 공룡 화석을 보고 용의 존재를 믿게 되었다는 '화석설' 등이 있어. 우리나라에서는 용을 '미르' 또는 '미리'라고도 불렀어. 용은 중국을 통해 우리나라에 전해졌으며, 『삼국유사』, 『삼국사기』, 『세종실록지리지』, 『동국여지승람』 등에 용에 관한 설화가 많이 실려 있단다.

## 12 삽살개를 데리고 당나라로 건너간 신라 왕자 김교각

김교각은 신라 제33대 성덕왕의 아들이야. 그는 왕자로서 누릴 수 있는 부귀영화를 버리고 절에 들어가 스님이 되었단다.

김교각 스님은 열심히 불도를 닦아 신라에서 이름난 스님이 되었지만, 넓은 세상으로 나아가 불법을 더 연구하고 싶었어. 그래서 유학을 결심하고 신라에서 당나라로 건너갔어.

중국 쪽 문헌에는 김교각 스님이 돛단배에 삽살개 한 마리를 태워 당나라로 건너갔다고 기록되어 있단다.

김교각 스님은 차 씨앗, 볍씨를 챙겨 들고, 삽살개 한 마리를 거느린 채 중국 땅에 발을 들여놓았어.

스님은 삽살개를 데리고 수행처를 찾아 중국 땅을 헤매 다녔어. 그러다가 안휘성 구화산에 이르렀지. 이 산은 아흔아홉 개의 산봉우리가 솟은 중국의 명산이었지.

　김교각 스님은 구화산 정상에서 동굴 하나를 발견했어. 한 사람이 겨우 허리를 펴고 드나들 만한 작은 동굴이었어. 스님은 삽살개와 함께 이 동굴 속에서 향을 피워 놓고 날마다 경을 읽으며 수행을 했어.

　어느 날 눈을 감고 참선을 하는데, 독사 한 마리가 나타나 스님의 다리를 물었어. 독이 퍼져 다리가 퉁퉁 부어올랐지. 삽살개가 잠시 동굴을 비운 사이에 일어난 일이었어.

　그래도 스님은 꼼짝하지 않고 앉아 있었어. 그때 아름다운 부인이 나타나 절을 하며 말했어.

"우리 집 아이가 스님을 귀찮게 해 드려 죄송합니다. 저 돌 밑에 샘물이 솟아나게 했으니, 그 샘물을 몸에 바르십시오."

김교각 스님은 부인이 시키는 대로 했어. 그러자 독사에 물린 다리가 깨끗이 나았단다.

하루는 구화산 기슭에 사는 제갈절이란 사람이 산에 올라왔다가 스님을 보았어. 그는 스님이 도를 닦는 것을 보고 감동을 받아 스님을 위해 절을 지어 주었지. 이 절이 구화산 최초의 절인 '화성사'야. 스님은 이 절에서 직접 농사를 짓고 옷을 지어 입으며 수행에 힘썼어. 그리고 안휘성 일대에 볍씨를 전해 이곳 사람들에게 벼농사 짓는 법을 가르쳐 주었지.

김교각 스님은 794년에 제자들을 모아 놓고 이렇게 말했어.

"내가 죽으면 화장하지 말고 독 안에 넣어 봉했다가 3년 뒤에 열어 보아라. 그때까지 시체가 썩지 않았으면 금칠을 하여라."

스님은 이 같은 유언을 남긴 뒤 숨을 거두었는데, 그의 나이 99세였어.

제자들은 스님의 시신을 독 안에 넣어 봉했다가 3년 뒤에 열어 보았어. 그런데 스님의 시신이 썩지 않고 그대로 남아 있었던 거야. 팔다리가 부드러웠고, 시신을 들자 뼈마디에서 쇳소리가 났어. 이런 현상은 지장보살의 화신을 뜻한다고 해.

제자들은 스님의 시신에 금칠을 하여 불상을 만들었어. 이것을 '등신불'이라고 한단다.

 신라에서 온 왕자 스님은 그렇게 등신불이 되었어. 이 등신불은 1200년이 넘은 지금까지 그대로 남아 사람들에게 '지장보살의 화신'으로 추앙받고 있지.

 지금도 안휘성 구화산에는 김교각 스님이 삽살개를 데리고 수행을 했다는 성지와 7층 석탑, 삽살개를 타고 있는 지장보살상 등이 보존되어 있단다.

> # 김유신 장군은 삽살개를
> # 군견으로 삼아 전쟁터를 누볐다면서요?

삽살개는 통일 신라 시대에 왕실에서 기르던 개였어. 전해 오는 이야기에 의하면, 김유신 장군이 삽살개를 군견으로 삼아 전쟁터를 누볐대. 왕실에서만 기르던 삽살개가 민가에 널리 퍼진 것은 통일 신라가 망한 뒤부터였어. 그 후 삽살개는 고려 시대를 거쳐 조선 시대에 와서는 왕이나 양반 계층은 물론 서민들도 많이 기르는 우리 토종개가 되었단다. 우리 조상들은 삽살개를 '귀신 쫓는 개'라고 여겼어. '쫓는다'는 뜻을 지닌 '삽'과 귀신이나 액운을 뜻하는 '살'을 합쳐 '삽살개'라고 부르게 된 거야. 삽살개는 액운을 막으려고 집 대문에 붙이는 그림인 '문배도'에 그려 넣기도 했어.

이처럼 우리 조상들에게 친근한 개였던 삽살개는 일제 강점기에 와서 멸종의 위기를 맞게 되었어. 일제는 군용 방한복과 신발을 만드는 데 쓰일 개가죽을 얻으려고 삽살개를 마구 잡아들여 죽였거든. 그 뒤로 삽살개는 8·15 광복 무렵 산골 마을이 아니면 찾아볼 수 없을 정도로 씨가 말라 버렸지.

하지만 1960년대 말부터 경상북도에서 몇몇 뜻있는 사람이 10여 년 동안 삽살개 보존 활동을 벌여 삽살개는 멸종의 위기에서 벗어났어. 1992년 경상북도 경산시에서 집단 사육 보존되던 '경산의 삽살개'가 천연기념물 제368호로 지정되기에 이르렀지.

삽살개는 귀가 아래로 축 처졌고 주둥이가 뭉툭하게 보이며 온몸이 긴 털로 덮여 있는 것이 두드러진 특징이지. 눈이 털에 덮여 잘 보이지 않는 모습은 아주 익살스럽고 해학적으로 보이기 때문에 사람들의 사랑을 독차지하지. 그러나 삽살개는 생긴 모습과는 달리 무척 용맹스럽고 강인한 개야. 다른 개들보다 이가 크고 강해 멧돼지 사냥을 잘하며 더위와 추위에도 강하지. 또한 주인에 대한 충성심이 대단하고 사람을 좀처럼 물지 않아.

삽살개는 수컷이 몸길이가 56.5센티미터, 암컷이 54.3센티미터야. 털 색깔에 따라 청삽살개와 황삽살개로 구분되지. 청삽살개는 강아지 때는 짙은 검은색이었다가 자라면서 흰 털이 섞여 흑청색 또는 흑회색이 된단다. 황삽살개도 강아지 때는 짙은 황색이었다가 담황색이 되지.

## 13 후백제를 세운 견훤은 지렁이 아들?

옛날 전라도 광주의 북촌에 부자가 살았어. 부자에게는 눈에 넣어도 아프지 않을 귀여운 딸이 하나 있었지.

딸은 점점 자라면서 얼굴이 활짝 피었어. 어찌나 예쁘고 아름다운지 딸의 얼굴을 보고 반하지 않는 총각이 없었어. 게다가 딸은 마음씨까지 고왔어. 그래서 아들이 있는 집에서는 모두 며느리로 삼고 싶어 했단다. 그러나 부자는 혼담이 들어와도 선뜻 받아들이지 않았어. 이왕이면 좋은 신랑감을 구해 딸과 결혼시키고 싶어서였지.

그런데 어느 날부터인가 딸의 얼굴빛이 어두워졌어. 말수도 줄어들었고, 자기 방에 틀어박혀 잘 나오지 않았어. 부자는 이런 딸이 걱정되어 하루는 딸을 불러 앉혀 놓고 물었지.

"얘야, 요새 무슨 고민이 있니? 네 얼굴빛이 좋지 않구나."

딸은 아무 말 없이 고개를 푹 숙인 채 앉아 있었어.

"아버지, 죄송해요. 걱정을 끼쳐 드려서……."

"아니다. 나는 그저 너한테 무슨 일이 생겼나 싶어서 물어보았을 뿐이란다. 정말 아무 일 없었니?"

딸은 잠자코 있다가 갑자기 울음을 터뜨렸어.

"아버지, 저는 어쩌면 좋아요. 실은 밤마다 제 방에 찾아오는 총각이 있어요. 자줏빛 옷을 입었는데, 저는 그 총각이 누구인지 전혀 모르겠어요. 아무런 말도 없이 잠만 자고 가거든요."

부자는 딸의 말을 듣고 까무러칠 듯이 놀랐어. 아직 시집도 가지 않은 딸이야. 그런데 그 딸의 방에 밤마다 찾아오는 총각이 있다니, 이는 보통 일이 아니었어.

부자는 잠시 생각에 잠겼다가 딸에게 말했어.

"그 총각이 어디 사는 누구인지 알아봐야겠다. 애야, 오늘밤에 총각이 네 방에 오면, 긴 실을 바늘에 꿰어 그의 옷에 바늘을 꽂아 두어라. 그가 눈치 채지 못하게 말이다."

그날 밤, 딸의 방에 자줏빛 옷을 입은 총각이 찾아왔어. 총각은 언제나처럼 말이 없었어.

딸은 총각이 잠이 들자 그의 옷에 바늘을 꽂아 두었어. 총각은 새벽이 되어 방에서 나갈 때까지도 전혀 눈치 채지 못했단다.

아침이 되자 부자가 딸의 방을 찾아왔어.

"실이 풀려 나갔구나. 이 실을 따라가 봐야겠다."

부자는 딸의 방에서 풀려 나간 실을 따라갔어. 실은 마당을 가로질러 북쪽 담장 밑 땅속으로 이어졌어.

"으음, 땅을 파야겠다."

부자는 호미를 가져와 땅을 팠어. 그리고 실 끝이 어디 있는지 흙을 파내어 찾아보았지.

순간, 부자는 얼굴이 하얗게 질렸어. 땅속에 지렁이 한 마리가 있는데, 실을 꿴 바늘이 지렁이 허리에 꽂혀 있었던 거야.

"세상에 이럴 수가 있나. 밤마다 딸아이의 방에 찾아온 총각은 바로 지렁이였구나. 지렁이가 사람으로 변하여 찾아왔어."

이런 일이 생긴 뒤 딸은 아기를 낳았어. 건강한 사내아이였지.

어머니는 혼자서 사내아이를 길렀어. 아기를 포대기에 싸서 나무 그늘에 두고 밭일을 했는데, 한번은 이런 일이 있었어.

나무 그늘에서 잠든 아기는 배고파 잠이 깼어. 하지만 어머니는 밭일을 하느라 정신이 없어서 아기 울음소리를 듣지 못했지.

바로 그때 어디선가 갑자기 호랑이 한 마리가 나타나 아기 옆에 엎드리더니 아기에게 젖을 먹이기 시작했어.

농부 한 사람이 그 광경을 보고 놀라서 소리쳤어.

"저, 저기 좀 봐. 호랑이가 아기에게 젖을 먹이고 있어."

다른 농부도 나무 그늘 쪽을 보고 눈이 휘둥그레졌어.

"정말이네. 호랑이가 와서 돌보는 걸 보면 저 아기는 보통 아기가 아닌가 봐."

사람들은 신기해하며 아기가 크게 될 인물이라 생각했지.

아이는 씩씩하게 자라 열다섯 살이 되었어.

"이제부터 내 이름은 견훤이다."

아이는 스스로 이름을 짓고 무술을 배우는 데 온 힘을 쏟았어. 나중에는 장수가 되었고 후백제라는 나라를 세웠단다.

> **견훤이 '지렁이 아들'이라는 이야기는 어떻게 만들어졌을까요?**

견훤은 867년 상주 가은현(지금의 경상북도 문경시 가은읍) 아차 마을에 있는 금하굴에서 태어났다고 해. 그런데 『삼국유사』에 인용된 『고기(古記)』에는 전라도 광주의 북촌에 사는 부자의 딸이 지렁이와 관계를 맺어 견훤을 낳았다고 기록되어 있어. 따라서 견훤의 어머니를 광주 지역의 호족 가문이라 추정하고 있지.

견훤이 '지렁이 아들'이라는 이야기가 만들어진 것은 지렁이의 경상도 사투리인 '지러이'와 견훤의 본래 이름이 비슷하기 때문이라고 보는 견해도 있어.

견훤을 '진훤'으로 읽어야 한다는 설도 있어. 옥편에는 '甄'을 '견' 또는 '진'으로 발음한다고 밝혀 놓았는데, 조선 후기의 역사학자 순암 안정복의 『동사강목』에는 견훤의 이름 첫 자의 음이 '진'이라며 '진훤'으로 발음해야 한다고 했어. 그런데 진훤은 경상도 사투리로 '진훠이'라 발음해. 따라서 지렁이를 뜻하는 '지러이'와 발음이 비슷해 지렁이를 떠올리게 하는 진훠이, 즉 진훤이라는 이름 때문에 이런 이야기가 생겨났다는 거야.

그런가 하면 견훤이 왕건과의 대결에서 졌기 때문에 '지렁이 아들'이라는 설화가 탄생했다는 설도 있어. 이무기나 뱀은 하늘의 존재인 '용'을 지향하지만, 지렁이는 아무리 애를 써도 용이 될 수 없어. 따라서 지렁이는 철저히 땅의 존재라는 거야. 지렁이가 이무기나 뱀과 같은 계열이긴 하지만, 용이 될 수 없는 한계를 지닌 셈이지. 그래서 후삼국을 통일하여 '용'이 된 왕건과는 달리 견훤은 패배자로서 '지렁이'로 인식되어 이런 이야기가 만들어진 것이지.

한편, 지렁이의 천적은 닭이야. 지렁이는 닭을 이길 수가 없지. 견훤이 왕건과의 전투에서 진 곳은 지금의 충남 논산시 연무읍으로 1963년 이전에는 지명이 구자곡면으로 '닭다리들'이라 불렸어. 닭다리들은 닭을 뜻하고, 지렁이에게는 닭이 천적이잖아. 그러니 아무리 날고 기어도 견훤의 군대는 왕건의 군대를 이길 수 없었던 것이지.

견훤의 출생 설화를 '야래자형(夜來者型) 설화'라고 해. 밤마다 처녀에게 정체불명의 남자가 찾아와 자고 가서, 그로 인해 비범한 아이가 태어난다는 설화야. 남자는 뱀·지렁이 등이 대부분인데, 이 설화는 우리나라뿐만 아니라 세계 여러 지역에 널리 퍼져 있단다.

## 14

# 돌상자 속에서
# 병아리가 나오다

최치원은 신라 말기의 학자이자 문장가야. 당나라에서도 널리 이름을 떨쳤지.

최치원은 어린 시절에 신동으로 소문이 자자했어. 『삼국사기』 '최치원 열전'에는 "최치원은 어려서부터 정밀하고 민첩하며 학문을 좋아했다."고 기록되어 있어. 그의 타고난 재주가 얼마나 뛰어났던지 태어나자마자 글을 읽을 줄 알았고, 그의 글 읽는 소리가 어찌나 낭랑했던지 바다 건너 당나라 황제의 귀에까지 들렸다는 이야기도 전해지고 있단다.

당나라 황제는 신라에 글재주가 뛰어난 선비가 수백 명이 넘는다는 소문을 들었어. 그는 신라에 정말 빼어난 인재가 있는지 시험해 보기로 했지. 신하에게 돌상자를 주어 신라에 사신으로 보낸 거야.

당나라 사신은 신라의 왕과 신하들 앞에 돌상자를 내놓으며 거만하게 말했어.

"황제 폐하의 명이오. 이 돌상자 속에 무엇이 들어 있는지 알아내어 시로 답하시오."

신라의 왕과 신하들은 돌상자를 바라보았어. 돌상자는 열어 볼 수 없게 단단히 봉해져 있었어. 그리고 봉한 자리에 황제의 도장을 찍어 함부로 열어 볼 수도 없었지.

신라의 왕과 신하들은 머리를 맞대고 의논했어. 하지만 돌상자를 아무리 보아도 그 속에 무엇이 들어 있는지 도무지 알 수가 없었단다.

왕은 한숨을 푹푹 쉬다가 신하들의 우두머리인 재상에게 말했어.

"이번 일은 경에게 모두 맡기겠소. 이 돌상자 속에 무엇이 들어 있는지 알아내어, 그에 답하는 시를 지어 바치도록 하시오."

왕의 명을 받은 재상은 돌상자를 가지고 집으로 돌아왔어. 그러고는 곧바로 몸져눕고 말았지.

재상의 딸은 아버지가 걱정되어 조심스럽게 물었어.

"아버지, 무슨 고민거리가 있으세요?"

"아니다. 너는 알 것 없다."

"말씀해 주세요. 저도 알아야 아버지의 고민거리를 풀어 드리지요."

"알 것 없다니까. 이것은 개인적인 일이 아니라 나라의 명예가 걸린 일이란다."

"매우 중요한 일이군요. 제발 말씀해 주세요."

딸이 끈질기게 청하자 재상은 할 수 없이 당나라 황제가 보낸 돌상자에 대해 이야기했어. 그러자 딸이 말했지.

"그 일이라면 우리 집 종인 최치원에게 맡기는 게 좋겠어요. 아주 지혜롭고 총명한 소년이거든요."

재상의 딸은 신라에서 가장 아름다운 처녀였어. 최치원은 그녀를 아내로 얻으려고 재상의 집에 들어와 일부러 종살이를 하고 있었지.

재상은 딸이 권하는 대로 최치원을 불렀어.

최치원은 사정 이야기를 듣더니 입을 열었어.

"그 일이라면 제가 해결해 드리지요. 그런데 조건이 있습니다. 저를 사위로 삼아 주십시오."

"알겠네. 돌상자 속에 무엇이 들어 있는지 알아낸다면 자네를 사위로 삼겠다고 약속하지."

"약속만 가지고 안 됩니다. 당장 혼례를 올려 주십시오. 그럼 첫날밤을 치르고 이튿날 아침에 알려 드리겠습니다."

'이 녀석이 정말…….'

재상은 최치원이 괘씸했어. 하지만 문제를 해결하기 위해서는 그의 뜻을 따르지 않을 수 없었지.

재상은 딸과 최치원의 혼례를 올려 주었어.

첫날밤을 치른 최치원이 이튿날 아침 돌상자를 보더니 다음과 같은 시를 지었단다.

단단한 돌 가운데 물건은

반은 희고 반은 황금색이네.

새벽마다 때를 알아 울고자 해도

상자 속에 갇혀 소리를 못 내는구나.

최치원이 쓴 시는 돌상자와 함께 당나라로 보내졌어.

당나라 황제는 시를 읽고 나서 말했지.

"이 시는 절반은 맞고 절반은 틀렸다. 단단한 돌 가운데 물건이 반은 희고 반은 황금색이지만, 새벽마다 때를 알고 우는 대상은 아니다."

돌상자 속에 무엇이 들어 있는지 아는 것은 황제와 석공뿐이었어. 석공은 황제의 명으로 상자를 만들어 물건을 넣었거든.

"돌상자를 열어 보아라."

황제의 명으로 돌상자를 열었어. 그 순간, 황제는 깜짝 놀랐지. 돌상자 속에서 병아리가 나왔기 때문이야.

"이게 어찌된 일이냐? 돌상자 속에 달걀을 넣어 두었는데 부화하여 병아리가 되었구나!"

최치원은 돌상자를 열어 보지 않아도 그 속에 무엇이 들어 있는지 정확히 알아맞혔어. 황제는 최치원의 신통력에 혀를 내둘렀어.

"신라에 그처럼 빼어난 인재가 있었다니……. 신라에 뛰어난 선비가 많다는 소문이 거짓이 아니었구나."

최치원은 그 뒤에 당나라로 유학을 떠나 문장가로 명성을 얻었어. 874년 당나라의 과거 시험에서 장원 급제를 한 그는 5년 뒤 '황소의 난' 때 고변의 종사관이 되어 황소에게 보내는 글인

'토황소격문'을 썼어. 황소는 이 글을 읽고 너무 놀란 나머지, 앉아 있던 의자에서 굴러떨어졌다고 해. 최치원은 이 '토황소격문'으로 더욱 이름을 떨쳤지.

최치원은 오늘날까지 신라를 대표하는 문장가로 꼽힌단다.

## 최치원은 조기 유학생이었다면서요?

최치원은 12세의 어린 나이에 당나라로 건너간 조기 유학생이었어. 그는 당나라의 최고 국립 교육 기관인 국자감에 들어가 공부를 시작했지. 신라가 처음으로 당나라에 유학생을 보낸 것은 선덕왕 9년(640년)이었어. 당나라 황제 태종은 국자감 건물을 1200칸으로 늘려 학생들을 받아들였어. 그 뒤 신라 유학생의 수는 점점 늘어나 희강왕 2년(837년)에는 216명이나 되었지.

유학생은 유학 비용을 스스로 마련하는 사비 유학생과 나라에서 유학 비용을 대주는 국비 유학생이 있었어. 국비 유학생은 신라와 당나라에서 학비와 체류 비용을 지원받았지. 유학 기간은 10년으로, 국자감에 입학하여 학업에 힘을 쏟았어.

국자감의 외국 유학생은 신라·고구려·백제·투르판·고창·토번 등지에서 온 학생들이었어. 고구려·백제가 멸망한 뒤에는 발해에서도 유학생을 보냈는데, 외국 유학생들 사이에서는 신라 유학생과 발해 유학생이 경쟁 관계에 있었어. 당나라의 과거 시험에는 외국인들을 위한 '빈공과'가 있었는데, 신라 유학생과 발해 유학생이 장원 자리를 놓고 다퉜지. 최치원은 빈공과에서 장원 급제를 하고는 "전해에 신라 유학생이 발해 유학생에게 장원 자리를 빼앗긴 수치를 씻었다."고 밝히기도 했어. 고려 때 사람인 최해가 조사한 바에 따르면, "빈공과에서 급제한 신라 유학생이 모두 58명"이라고 해.

그러나 유학생이 과거에 급제한다고 해서 당나라 관리로 모두 임용되는 것은 아니었어. 최치원처럼 실

최치원

력이 뛰어나야 당나라 관리로 뽑혔지. 과거 시험도 경쟁이 치열하여 급제하는 사람은 극소수였고, 대부분 국자감 수업을 마치면 신라로 돌아갔어. 하지만 급제하는 사람은 물론 급제하지 못한 사람도 신라 조정에서 유학 경력을 인정받아 관리로 임용되는 등 우대를 받았다는구나.

# 15

## 토끼가 벼랑을 따라 달아나며 왕건을 위해 길을 열어 주다

고려를 세운 태조 왕건이 후백제의 견훤과 밀고 밀리는 치열한 싸움을 벌일 때의 일이야.

어느 날 왕건은 견훤과 전투를 벌이다가 군대를 이끌고 남쪽으로 내려갔는데 도중에 길을 잃어버렸어. 그곳은 문경 새재에서 남쪽으로 40리쯤 떨어진 곳이었는데, 깎아지른 듯한 벼랑이 가로막고 있었어. 또한 벼랑 밑에는 강물이 흐르고 있었지.

왕건은 벼랑 앞에 서서 긴 한숨을 내쉬었어.

"길이 막혀 앞으로 나아갈 수가 없구나. 곧 날이 저물 텐데, 어찌하면 좋지?"

왕건이 어찌할 바를 몰라 발을 동동 구르고 있을 때였어. 갑자기 토끼 한 마리가 나타나더니 벼랑을 따라 달아나는 거야. 그 순간 왕건은 큰 소리로 외쳤어.

"저 토끼 뒤를 쫓아가라! 길이 막혀 있어도 길을 낼 만한 곳이 있을 것이다."

왕건의 명령으로 병사들은 토끼를 쫓아갔어. 과연 험한 벼랑이긴 해도 토끼 뒤를 따라가니 길을 낼 만한 곳이 나타났어.

"역시 내 예상대로구나. 토끼가 지나간 벼랑을 깎아 길을 만들어라."

왕건의 명령으로 병사들은 가파른 벼랑을 깎아 내어 길을 만들었어. 왕건은 군대를 이끌고 벼랑길을 따라 진군할 수 있었단다.

길을 찾던 왕건에게 토끼가 벼랑을 따라 달아나며 길을 열어 주었다고 하여 이 길을 '토끼비리'라 부르게 되었지. 여기서 '비리'는 '벼루'의 문경 사투리로, 강이나 바닷가의 낭떠러지를 뜻해.

토끼비리는 현재 국가 지정 문화재 명승 제31호로 지정되어

있어. '토천(兎遷)'·'관갑천'·'곶갑천'·'토잔' 등 여러 이름으로 불리었지.『신증동국여지승람』에는 "관갑천은 용연의 동쪽 벼랑을 말하며 '토천'이라고도 한다. 절벽을 파서 만든 잔도(험한 길)가 구불구불 6, 7리나 이어진다."고 기록되어 있어.

토끼비리는 신라 때 쌓은 고모산성의 석현성벽이 끝나는 지점에서 시작하여 영강의 하천 변 절벽을 따라 이어져 있어. 한 사람이 겨우 지나갈 수 있을 만큼 좁고 험한 길이지.

토끼비리는 조선 시대에 개통된 '영남대로'의 한 구간을 이루어 수많은 사람들이 이 길을 지나갔어. 부산 동래에서 한양에 이르는 영남대로에서 가장 험하기로 소문난 길이었지. 많은 사람들의 왕래로 닳고 닳아 바위가 반질반질할 정도라는구나.

조선 시대의 문장가 서거정은 토끼비리를 지나며 다음과 같은 시를 썼어.

꼬불꼬불 양 창자 같은 길이여.
꾸불꾸불 오솔길 기이하기도 하여라.
봉우리마다 그 경치도 빼어나서
내 가는 길을 막아 더디게 하네.

임진왜란 때는 이 지역으로 쳐들어온 일본군이 토끼비리가 몹시 험한 곳임을 알고, 여기를 지키는 조선군 병사들이 있을까 두려워했지. 그래서 이곳을 지나기 전에 여러 번 사람을 보내 정탐을 했어. 하지만 아무도 없음을 알고는 콧노래를 부르며 이곳을 지나갔다는구나. 서애 류성룡이 쓴 『징비록』에 나오는 이야기란다.

## 토끼는 언제부터 우리나라에서 살았나요?

토끼과 토끼속에 속하는 동물을 일컬어 토끼라고 해. 토끼는 아시아, 아메리카, 아프리카, 유럽 등 세계 각 대륙에 골고루 퍼져 있는데, 일반적으로 토끼라고 하면 굴토끼를 길들인 집토끼를 일컫는단다.

토끼과는 굴토끼류와 멧토끼류로 나눌 수 있어.

굴토끼는 땅에 굴을 파고 살아가는 토끼야. 갓 태어난 새끼는 털이 없고 눈을 감고 있지. 그에 비해 멧토끼는 굴을 파지 않고 지상에서 살아. 또한 갓 태어난 새끼는 털이 있고 눈을 뜨며 곧 뛰어다니지. 산토끼라고 부르는 토끼가 바로 이 멧토끼야.

멧토끼는 우리나라에서 살고 있는 토끼야. 우리나라 멧토끼는 중국의 멧토끼보다 몸집이 크고 회색을 띠고 있어. 주로 500미터 이하의 야산에 살며 1,000미터 이상의 산에서는 찾아볼 수가 없어.

굴토끼는 일 년에 몇 번씩 한배에 2~8마리의 새끼를 낳는데 비해, 멧토끼는 일 년에 두세 번 한배에 2~4마리의 새끼를 낳아. 굴토끼보다 번식률은 낮은 편이지.

멧토끼는 나무껍질, 가지, 풀, 나무뿌리 등을 갉아 먹는데, 요즘은 농약과 들고양이 때문에 많이 사라지고 있어.

토끼에게는 호랑이, 늑대, 곰, 여우, 너구리, 올빼미, 수리부엉이 등 잡아먹으려고 노리는 천적들이 많아. 그래서 토끼는 잠도 하루에 30분만 자며 늘 주위를 경계한단다. 토끼는 적이 나타나면 뒷발로 용수철처럼 몸을 튕겨 도망치지. 그런데 쫓겨 온 것을 잊고 제자리로 돌아오는 버릇이 있어. 사냥꾼들은 그곳에 덫을 놓아 토끼를 잡지. 그래서 건망증이 있는 사람에게 "토끼 고기 먹었니?" 하고 놀리는 말도 생겨났단다.

토끼가 언제부터 우리나라에서 살았는지는 알려져 있지 않아. 다만 『삼국사기』에 '토끼와 거북 이야기'가 나오고, 고구려 고분 벽화의 달 그림에 두꺼비와 함께 나오는 것으로 미루어 삼국 시대 이전부터 토끼가 살았으며, 우리 겨레가 토끼를 매우 친근한 동물로 여겼음을 알 수 있단다.

우리나라에서 집토끼를 기르기 시작한 것은 1900년대에 일본에서 수입해 오면서야. 방한용 모피나 고기를 얻기 위해서였지.

## 16 왕건에게 성을 받은 충주 어 씨는 왜 잉어를 먹지 않을까?

고려 초에 충청도 제천 땅에는 지 씨 성을 가진 사람이 살고 있었어. 지 씨는 태어날 때부터 몸이 기이한 털로 덮여 있는데다, 양쪽 겨드랑이에 털이 세 개가 있었어.

태조 왕건은 이 소문을 듣고 그를 불러 몸을 살펴보았지. 그랬더니 소문이 진짜 사실이었어. 왕건은 그가 잉어와 비슷하게 생겼다고 어(魚) 씨 성을 내려주었어. 그 뒤부터 충주 어 씨 집안에서는 충주 어 씨의 시조인 어충익이 잉어와 비슷하게 생겼다고 잉어를 먹지 않게 되었대.

잉어를 먹지 않는 성씨로는 파평 윤 씨와 평산 신 씨가 있어.

파평 윤 씨의 시조는 왕건을 도와 고려를 세운 윤신달이야. 그는 경기도 파평(지금의 파주시)의 용연이라는 연못에서 윤온 할머니가 건진 금궤에서 나온 아이였다는구나.

신라 말인 진성여왕 7년(893년) 8월 15일의 일이야. 파평의 하늘에 갑자기 먹구름이 몰려오더니, 온누리에 안개가 끼는 거야. 안개가 얼마나 자욱한지 앞이 안 보일 정도였어. 번갯불이 번쩍 하고 천둥소리가 요란하게 들려왔지.

그때 윤온 할머니는 용연 연못가에 있었어. 할머니는 연못을 바라보고 있었는데, 안개가 자욱한 연못에서 갑자기 빛이 솟더니 금궤 하나가 물 위로 떠오르는 게 아니겠니.

윤온 할머니는 손에 쥐고 있던 지팡이로 금궤를 건져 올려 그 상자를 열어 보았지.

"앗!"

윤온 할머니는 하마터면 기절할 뻔했어. 금궤 속에 어린아이가 들어 있었거든. 아이의 양 어깨에는 해와 달의 모양인 붉은 사마귀가 나 있고, 양쪽 겨드랑이에는 81개의 잉어 비늘이 있었어. 또한 발에는 북두칠성 모양의 일곱 개 별, 손에는 '윤' 자 무늬가 새겨져 있었지.

윤온 할머니는 아이를 데려다 잘 길렀는데, 이 아이가 바로 파평 윤 씨의

시조인 윤신달이야.

파평 윤 씨 집안에서는 윤신달이 양쪽 겨드랑이에 81개의 잉어 비늘이 있었다고 잉어를 먹지 않게 되었대.

윤신달의 후손 가운데는 윤관 장군이 있었어. 어느 날 그는 함흥 선덕진 광포에서 거란군에게 포위를 당한 적이 있었지. 그때 윤관 장군은 간신히 포위망을 뚫고 달아나 강가에 다다랐어. 그런데 뒤에서는 거란군 병사들이 추격해 오고, 앞에는 강물이 가로막으니 더 이상 달아날 곳이 없었지.

이대로 붙잡히나 싶을 때 기적이 일어났어. 별안간 잉어 떼가 물 위로 떠오르더니 다리를 만들어 주는 거야. 윤관 장군은 그 다리를 건너 무사히 강을 건널 수 있었어.

거란군 병사들이 다가오자 잉어들은 뿔뿔이 흩어져 강물 속으로 사라졌단다.

이런 일이 있고 나서 파평 윤 씨 집안에서는 자기 선조의 목숨을 구해 주었다고 하여 잉어를 먹지 않는다는구나. 시조 할아버지인 윤신달 때문에 처음부터 잉어를 먹지 않았지만, 윤관 장군 때문에 더욱더 잉어를 먹지 않게 된 거야.

한편, 평산 신 씨는 임진왜란 때 탄금대에서 배수진을 치고 싸우다가 죽은 신립 장군의 금동곳이 잉어의 뱃속에서 나왔다고, 조상의 살을 먹은 고기라고 해서 잉어를 먹지 않는다는구나.

## 왕건은 왜 목천 사람들에게 짐승의 이름으로 성을 지어 주었을까요?

왕이 신하들에게 성을 내려주는 것을 '사성'이라고 하는데, 왕건이 성을 내려준 신숭겸은 평산 신 씨, 배현경은 경주 배 씨, 홍유는 부계 홍 씨의 시조가 되었지. 왕건은 호족과 신하들뿐만 아니라 일반 백성들에게도 성을 지어 주었는데, 『동국여지승람』에는 이런 이야기가 있단다.

후백제의 유민들이 모여 사는 목천에서는 태조 왕건에 맞서 반란이 자주 일어났단다. 왕건은 화가 나서 얼굴이 붉으락푸르락해졌어.

"모두 우리 고려 백성으로 받아 주고, 반란을 일으켜도 용서해 주었건만 끝끝내 나와 맞서려 하는구나. 좋다. 내가 인간적으로 대해 줘도 짐승 같은 짓으로 보답하니 그에 걸맞은 성을 지어 주지. 여봐라, 목천 사람들은 상 씨, 돈 씨, 장 씨, 우 씨 등 네 개의 성만 쓰도록 하라."

이리하여 목천 사람들은 코끼리를 뜻하는 상(象) 씨, 돼지를 뜻하는 돈(豚) 씨, 노루를 뜻하는 장(獐) 씨, 소를 뜻하는 우(牛) 씨 등의 성만 사용하게 되었어. 왕건은 목천 사람들에 대한 보복으로 짐승의 이름으로 성을 지어 준 거야.

목천 사람들은 한동안 이런 수치스러운 성을 사용하다가 나중에 모두 성을 바꾸었단다. 象 씨는 尙 씨로, 豚 씨는 頓 씨로, 獐 씨는 張 씨로, 牛 씨는 于 씨로 음만 살려 다른 글자로 말이야.

## 17 은혜 갚은 짐승들

고려 초에 '서신일'이라는 사람이 있었어. 그는 신라 말에 아간 벼슬을 지냈는데, 신라가 망하자 경기도 이천의 효양산으로 들어갔어. 동생과 더불어 제자들을 가르치며 살았지.

어느 날 서신일은 깊은 산속으로 들어갔어. 그런데 갑자기 사슴 한 마리가 몸에 화살이 꽂힌 채 그의 앞에 나타난 거야.

사슴의 눈빛은 몹시 애처로웠어. 마치 살려 달라고 애원하는 것 같았지. '사슴이 사냥꾼에게 쫓기는 모양이군.'

서신일은 사슴이 불쌍하고 가여워 몸에 꽂힌 화살을 뽑고 사슴을 풀숲에 숨겨 주었단다.

잠시 뒤 사냥꾼이 쫓아와서 물었지만 서신일은 사슴을 못 봤다고 말했어.

　　사냥꾼을 따돌린 서신일은 사슴을 집으로 데리고 가 며칠 동안 정성스레 치료해 주었어. 사슴은 상처가 씻은 듯이 나았고 숲 속으로 무사히 돌아갔지.

　　그날 밤 서신일의 꿈에 한 노인이 나타나 말했어.

　　"사슴은 내 아들이오. 아들의 목숨을 구해 주어 고맙소. 그 보답으로 당신 자손들을 대대로 재상이 되도록 해주겠소."

　　서신일은 노인의 약속을 믿지 않았어. 그때 그에게는 자식이 없었고, 그의 나이가 80세였거든. 그러나 사슴의 약속은 이루어졌어. 서신일의 아내가 곧 아기를 가져 80세에 아들을 낳은 거야. 이 아들이 서필인데, 서필은 물론 서필의 아들 서희, 서필의 손자 서눌까지 3대에 걸쳐 재상의 자리에 올랐단다.

　　조선 시대에는 거북을 살려 주고 3대에 걸쳐 재상이 된 경우도 있었어. 통해현(평원군)의 현령 박세통이 그 주인공이야. 어느 날 통해현의 포구로 거북 한 마리가 밀물을 타고 들어와 나가지 못하자 백성들이 죽이려 했어. 하지만 박세통의 명령으로 백성들은 거북을 바닷속에 놓아주었단다.

그날 밤 박세통은 이상한 꿈을 꾸었어. 꿈속에 한 노인이 나타나서 그에게 큰절을 올리는 거야.

"아들 녀석을 살려 주어서 고맙소. 하마터면 솥에 들어가 삶길 운명이었는데 덕분에 살아났소. 그 보답으로 당신과 아들·손자 3대가 재상이 되게 하겠소."

그 뒤 박세통과 아들 박홍무는 재상의 자리에 올랐어. 그런데 손자 박감이 상장군 벼슬에서 물러나게 되니 박세통은 문득 불만이 생겨 '거북아, 거북아. 잠만 자지 마라. 3대 재상이 빈말이었구나.'라는 시를 지었지.

그날 밤 박세통의 꿈에 거북이 나타나서 말했어.

"그대가 술과 여자에 빠져 스스로 복을 덜어 버린 것이지, 내가 은혜를 잊어버린 것이 아니오. 장차 기쁜 일이 있을 테니 기다려 보시오."

이삼일 뒤 박세통의 손자 박감은 다시 벼슬에 올라 끝내는 재상의 자리에 올랐다는구나.

> **조선의 명재상 하연은 잉어를
> 살려 준 보은으로
> 용을 보게 되었다면서요?**

세종 4년(1422년) 조선의 명재상 하연이 전라도 도관찰출척사 병마도절제사로 있을 때의 일이야.
남원 중방현 객사에 머물러 하룻밤 지내는데 머리가 하얗게 센 노인이 꿈속에 나타나서 말했어.
"제 손자 다섯이 대감 반찬거리로 잡혀갔습니다. 제발 죽이지 말고 살려 주십시오." 노인은 하연에게 다음과 같은 시 한 수를 적어 주고 바람처럼 사라졌단다.

　　용문산을 아홉 번 오르고
　　큰 바닷물을 세 번 마셨는데도
　　아직 용이 되지 못한 이때
　　장유자라 하는 자에게 잡혀갔나이다.

하연은 깜짝 놀라 잠에서 깨어났어.
'참으로 이상한 꿈이로구나. 손자 다섯이 내 반찬거리로 잡혀갔다니 그

게 무슨 뜻이지?'

하연은 사령들을 불러 물었어.

"내게 대접하려고 준비해 놓은 물건이 있느냐? 빠짐없이 가져오너라."

사령들이 물건을 찾아 가져왔어. 그 가운데는 잉어 다섯 마리가 있었어. 그제야 하연은 노인이 말한 뜻을 알아차렸지.

"이 잉어들을 요리하지 마라. 너희들은 잉어를 잡아 온 어부를 찾아 당장 내 앞에 데려오너라."

하연의 명령에 사령들이 어부를 데려왔어.

"저는 고기잡이를 하는 장유자라고 합니다."

"뭐, 뭐라고? 그대가 장유자라고?"

하연은 깜짝 놀랐어. 장유자는 노인이 적어 준 시에 나오는 인물이었기 때문이야.

"그대는 잉어를 어디서 잡아 왔느냐?"

"산동 못가에서 잡아 왔습니다."

"그럼 어서 가서 이 잉어들을 그곳에 놓아주어라."

어부는 하연이 시키는 대로 산동 못에 잉어들을 놓아주었어.

사흘 뒤 노인이 또 하연의 꿈속에 나타나서 말했어.

"제 손자 다섯을 살려 주셔서 고맙습니다. 이 은혜는 잊지 않겠습니다. 대감께서 소원이 있으면 말씀해 보시지요."

하연은 원래 욕심이 없는 사람이었어. 그래서 이렇게 말했지.

"특별한 소원은 없습니다. 다만 세상 사람들이 용을 직접 보고 싶어 하는데 아직 본 사람이 없다지요? 제가 용을 한번 봤으면 합니다."

"용을 보게 해 달라고요? 소인들은 용을 보면 수명이 줄어드는데, 대감께서는 대인이시니 그럴 일이 없겠지요. 좋습니다. 날이 밝으면 산동 못가로 나오십시오."

이튿날 날이 밝자 하연은 산동 못가로 갔어. 갑자기 먼 산 그림자가 못을 뒤덮고 안개가 자욱이 끼었어. 그러더니 갑자기 황룡이 나타나 물속으로 쑥 들어갔어. 그런데 다음 순간, 황룡이 머리를 드러냈어. 머리는 말 머리만 하고 하얀 수염에 검은 뿔이 있었지. 황룡은 제 모습을 보라는 듯 한참 그러고 있더니, 어디론가 사라져 버렸어.

그 뒤부터 이 고을에서는 어부 장유자의 이름을 입에 올리지 않는다고 해. 선비가 그 이름을 듣고 과거를 보면 어김없이 낙방했다는구나.

## 18 사냥을 즐기고 가축을 많이 길렀던 나라, 발해

발해에는 백두산·대흥안령·소흥안령 등 넓은 산림 지대가 펼쳐져 있었어. 따라서 호랑이·표범·곰·멧돼지·사슴·노루·사향노루·토끼 등 많은 짐승들이 살고 있었지. 사냥을 잘했던 고구려 사람들의 후예인 발해 사람들은 선조들의 사냥법을 물려받아 일상생활에서 사냥을 즐겼다는구나.

이들의 전통적인 사냥법은 말을 달리며 활과 창으로 짐승을 사냥하는 것과, 매를 이용해서 사냥하는 것이었어. 앞의 것으로는 호랑이·표범·곰·멧돼지·사슴 등 큰 짐승을 잡았고, 뒤의 것으로는 꿩·거위·따오기 등의 날짐승과 작은 들짐승을 잡았지.

발해 사람들은 '발해 사람 셋이 모이면 호랑이 한 마리를 사냥한다'고 『송막기문』에 기록되어 있을 만큼 사냥에 능하고 용맹스러웠어. 호랑이·표범·곰 등의 사나운 짐승들을 많이 잡았지.

가장 많이 잡는 짐승은 토끼와 사슴이었어.『신당서』에는 토끼와 사슴이 발해의 특산물로 소개되어 있을 정도란다. 토끼는 태백산(백두산) 토끼를 상등품으로 꼽았는데, 토끼 가죽은 모자와 털옷, 꼬리털은 붓을 만드는 데 쓰였어. 사슴은 지금의 중국 길림성 회덕현 일대인 부여의 사슴이 유명했어. 녹용은 약재로, 고기는 식용으로 이용했고, 가죽은 옷을 만들어 입었지. 지역에 따라서는 사슴을 길들여 썰매를 끄는 데 사용하는 곳도 있었단다.

발해가 고구려 유민들에 의해 고구려의 옛 땅에 세워졌을 때 당나라에 매를 선물로 주었다는 기록이 있어. 이를 보면 발해 사람들도 고구려 사람들처럼 매사냥을 많이 했다는 것을 알 수 있지.

발해에서는 사냥뿐만 아니라 목축도 성행했어. 발해 지역에는 넓은 초원 지대가 있어 말·소·양 등의 가축을 많이 길렀지.

발해는 말을 당나라에 수출할 정도로 많이 길렀어. 특히 지금의 러시아 연해주 남쪽인 솔반부의 말은 발해의 특산물로 외국에까지 널리 알려졌단다. 고구려 사람들의 후예답게 발해 사람들도 말 사육의 전통을 이어받았던 거지.

소 사육도 마찬가지였어. 발해 사람들은 고구려 사람들처럼 소를 많이 길렀어. 러시아의 원동 발해 유적에서 말뼈와 소뼈가 발견되었는데, 발해에서는 소를 식용이나 농사일에 이용했지.

　발해 사람들이 양을 길렀다는 기록은 찾아볼 수 없어. 다만 938년 발해의 옛 땅에 세워진 나라인 동란국에서 남당(南唐)에 양 3만 마리를 수출했다는 기록이 남아 있어. 이 기록은 발해 당시에도 양을 많이 길렀음을 말해 주고 있지.

　발해 사람들은 돼지도 많이 길렀어. 물론 고기를 얻기 위해서였는데, 부여의 옛 땅인 막힐부의 돼지가 유명했지. 부여는 마가·구가·우가·저가 등 벼슬 이름을 가축 이름으로 정할 만큼 가축을 많이 길렀는데, 특히 질 좋은 돼지를 많이 생산했어.

　발해에서는 개도 많이 길렀어. 주로 사냥에 이용하거나 운송 수단으로 썼지. 흑룡강 유역의 부족 가운데 머리를 깎지 않는 에륜춘은 개에게 썰매를 끌게 했단다.

## 발해에서는 수산물도 풍부했다면서요?

발해는 바다와 강과 호수들을 갖고 있었던 나라야. 물고기·해조류 등 수산물이 풍부하여 어업이 활발하게 이루어졌지. 특히 바닷고기와 민물고기가 많이 잡혔는데, 발해의 수산물로 널리 알려진 것은 숭어·낙지·문어·다시마·대게·붕어 등이야.

숭어는 동해와 서해의 남쪽, 연안의 강 하류에서 많이 잡혔어. 729년 당나라에 숭어를 수출했다는 기록이 있는데, 발해 초부터 숭어가 많이 잡혔음을 알 수 있지.

낙지에 대한 기록은 『송막기문』에서 찾아볼 수 있어. '석거'를 발해의 수산물로 소개했는데, 서해의 낙지가 바로 석거야. 문어는 『책부원귀』에 발해에서 말린 문어 100구를 당나라에 수출했다고 밝혀 놓았지.

다시마는 남경 남해부에서 생산된 것을 첫손으로 꼽았어. 『신당서』에는 발해의 특산물로 남해(남경 남해부)의 다시마를 들고 있지.

『송막기문』에서는 발해의 대게를 '방해'라 부르고 있어. 쟁반만 한 크기에 붉은색을 띠고 있지. 바닷게의 일종으로 발해 때 널리 알려졌어. 붕어로는 '미타호'라는 호수에서 잡히는 것이 유명했어. '미타호의 붕어'라고 하여 발해의 특산물로 이름을 떨쳤단다.

## 19 발해 사신이 일본에 가져간 모피는 일본 최고의 인기 물품?

920년 5월 12일, 일본의 수도 헤이안의 풍락전에서 일본 국왕이 베푸는 발해 사신 환영 잔치가 열렸어. 발해 사신단을 이끌고 일본으로 건너온 사람은 배구였어. 882년과 894년에 발해 사신단 대표로 일본을 방문했던 배정의 아들이었지.

배구는 '모피의 나라'인 발해에서 온 사람답게 발해 특산품인 담비 가죽옷을 입고 있었어. 음력 5월 12일은 양력으로 6월 7일이니 초여름의 더위가 찾아올 때였어. 가뜩이나 더운 날씨에 한겨울 가죽옷을 입고 있었으니 죽을 맛이었지. 그는 비 오듯 흐르는 땀을 훔치며 어서 잔치가 끝나기를 기다렸단다.

그런데 배구는 잔치에 뒤늦게 나타난 일본 국왕의 아들인 시게아키라 친왕을 보고 소스라치게 놀랐어. 시게아키라 친왕은 가장 비싸다는 검은담비 가죽 옷을 여덟 벌이나 껴입고 있었거든. 무더운 여름철에 한겨울 가죽옷을 그렇게 많이 겹쳐 입었는데도 그는 아랑곳하지 않았어. 오히려 명품으로 치장한 것이 자랑스러운 듯, 땀을 뻘뻘

흘리면서도 얼굴에서는 웃음이 떠나지 않았어. 배구는 시게아키라 친왕의 그런 모습을 보고 놀라 벌린 입을 다물지 못했지. 발해 모피가 일본에서 얼마나 큰 인기를 누렸는지 짐작할 수 있겠지?

발해가 일본과 교류를 시작한 것은 727년이었어. 발해가 멸망하기 전까지 34차례나 일본에 사신을 보냈고, 일본도 14차례 사신을 발해에 파견했어.

발해 사신이 일본에 올 때 빼놓지 않고 가져오는 물품은 짐승의 털가죽인 모피였어. 발해에서는 짐승 사냥이 활발하여 호랑이 가죽, 표범 가죽, 곰 가죽, 담비 가죽, 토끼 가죽 등이 풍부했거든. 당나라 귀족들이 발해 모피를 좋아하여 당나라에 많이 수출되었는데 일본 귀족들도 예외가 아니었어. 발해 모피에 반하여 너도나도 갖고 싶어 했지. 발해 모피는 하루아침에 일본 최고의 인기 물품이 된 거야.

발해 사신단이 가져온 물품은 일본 왕실과 귀족들이 사들였어. 수산물·인삼·꿀 등도 있었지만 우선적으로 팔린 것이 모피였지. 발해 사신단은 돌아갈 때 삼베·명주 등의 옷감을 사 갔어. 발해는 겨울이 길고 춥기 때문에 옷을 만들어 입을 옷감이 많이 필요했거든.

발해 사신단이 모피를 배에 잔뜩 싣고 와도 일본에서는 모피가 늘 귀했어. 발해는 초기에 사신을 1~2년 또는 3~4년에 한 번씩 보내다가 나중에는 12년에 한 번씩 보내게 되었단다. 발해에서는 해마다 일본에 사신을 보내고 싶어 했지만, 일본 조정은 사신단을 대접하는 것이 부담스러워 12년에 한 번씩으로 정해 버렸어. 이를 어기고 도중에 발해 사신단이 일본에 오면 받아들이지 않고 되돌려 보냈지.

이런 형편이었으니 발해 모피는 귀하고 비쌀 수밖에 없었어. 그래도 일본 귀족들은 다투어 발해 모피를 손에 넣으려고 했어. 귀족은 물론 일반 관리들까지 모피를 구하려고 하자 일본 조정은 마침내 귀족과 고위층을 제외한 모든 백성들에게 '모피 금지령'을 내렸어. '모피는 참의 이상만 착용할 수 있다'고 했지. 당시 일본에서 참의는 높은 벼슬이었으니 귀족과 고위층에게만 모피를 착용하게 한 거야.

> 일본은 발해 사신단이 왔을 때
> 선물로 가져간 개만
> 불러들였다면서요?

823년 11월, 고정태가 이끄는 발해 사신단이 일본에 왔을 때의 일이야. 그해 겨울은 날이 몹시 춥고 큰 눈이 내렸어. 사신단은 발이 묶여 일본의 수도인 헤이안으로 갈 수가 없었어.

그때 일본은 사가 국왕이 물러나고 그의 동생 준나 국왕이 왕위에 올랐어. 그런데 일본 조정에서는 발해 사신단을 헤이안으로 오게 하느냐 마느냐로 격론이 벌어졌어. 사가 국왕 때는 2년에 한 번씩 모두 여섯 차례 발해 사신단을 받아들였어. 하지만 지금은 나라의 재정이 어렵고 가뭄과 전염병이 돌고 있으니, 발해 사신단을 불러들여 재정을 낭비하지 말자는 것이 신하들의 의견이었어. 결국 준나 국왕이 그 의견을 받아들여 발해 사신단은 헤이안으로 가지 못하고 발해로 되돌아갔단다.

발해 사신단은 일본 국왕에게 바칠 선물로 거란 개 두 마리와 새끼 두 마리를 가져왔어. 그런데 발해 사신단이 발해로 떠나게 되자 개들만 헤이안으로 실려 가 일본 국왕에게 바쳐졌단다.

준나 국왕은 사냥을 할 때 거란 개를 데려갔어. 거란 개에게 사슴을 쫓게 했는데 별로 성과가 없었는지 도중에 사냥을 그만두었다는구나.

## 20 봉수에서는 이리 똥과 여우 똥이 최고의 연료?

전화나 인터넷이 없던 옛날에는 외적의 침입 등 나라의 위급한 상황을 알리기 위해 봉수라는 통신 제도를 사용했어.

봉수란, 높은 산봉우리에 봉수대를 설치하고 밤에는 횃불(봉), 낮에는 연기(수)를 피워 신호를 보내는 것을 말해. 봉수는 중국 주나라 때부터 시작되었다고 해. 주나라 유왕이 애첩 포사의 웃는 얼굴을 보려고 거짓 봉화를 피워 지방 제후들을 궁궐로 불러들였다는 이야기가 있어. 이를 보면 봉수가 주나라 때 이미 사용되었음을 알 수 있어.

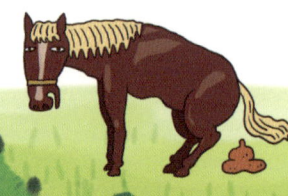

우리나라에서도 일찍부터 봉수를 사용했는데, 『삼국유사』에 가락국의 시조 수로왕이 왕비를 맞아들일 때 봉화를 올렸다는 기록이 있어. 『삼국유사』에도 봉화·봉산성 등의 기록이 보이기 때문에 삼국 시대부터 봉수가 있었음을 확인할 수 있단다.

그런데 봉수가 조직적으로 운영된 것은 고려 시대부터야. 밤에는 횃불, 낮에는 연기를 피워 급한 소식을 전했어. 평상시에는 한 번, 경계 태세이면 두 번, 교전 준비 단계이면 세 번, 적과 아군이 접전하여 급박한 상황이면 네 번씩 봉수를 올리도록 했어.

봉수는 횃불과 연기를 피워 신호를 보내기 때문에 횃불과 연기를 피우는 것은 봉수대에서 가장 중요한 일이었지.

우리나라의 봉수에서는 횃불과 연기를 만드는 재료로 쑥·싸리·풀·솔잎·겨·섶나무·담배 잎·말똥·소똥 등을 사용했어. 부싯돌을 이용하여 화약이나 이 재료에 불을 붙여 횃불과 연기를 피웠어.

보통 횃불을 피우는 데는 솔잎·겨·섶나무·담배 잎·말똥·소똥 등을 많이 사용했어.

봉수에서 연기를 내는 데는 이리 똥이나 여우 똥이 최고의 연료라고 해. 땔감에 섞어 불을 피우면 연기가 똑바로 올라가기 때문이지. 바람이 불어도 연기가 흩어지지 않아 오랜 옛날부터 중국에서 많이 쓰였다는구나. 그러나 우리나라에서는 이리 똥이나 여우 똥을 구하기 어려워 말똥이나 소똥을 사용했어.

이리나 여우는 날카로운 이빨로 동물의 피부나 뼈까지 먹는 습성이 있어. 그래서 이리나 여우의 똥에는 동물의 털이나 뼈가 섞여 있지. 그런데 이 똥을 솔잎에 넣어 태우면 연기가 바람에 흩어지지 않고 똑바로 올라간다는 거야. 그뿐만 아니라 솔잎이나 담배 잎에는 연기를 짙게 하는 성분이 들어 있다고 해. 그러니 연기를 피워 신호를 보내는 봉수에서는 이리 똥과 여우 똥을 최고의 연료로 꼽았던 거지.

## 조선 시대에는 봉수 제도를 어떻게 운영했나요?

조선 시대에는 고려의 봉수 제도를 이어받아 전국의 모든 봉수가 집결하는 중앙 봉수인 서울 남산의 경봉수를 중심으로 봉수 체제를 확립했어. 조선 전기에는 전국에 650여 개의 봉수대가 있었는데, 다섯 갈래의 봉수로를 만들어 남산의 봉수대로 연결되게 했지. 남산 꼭대기에는 다섯 개의 봉수대가 있는데, 제1봉은 함경도와 강원도와 경기도, 제2봉은 경상도와 충청도와 경기도, 제3봉은 평안도와 황해도와 경기도 내륙, 제4봉은 평안도, 황해도 바닷길과 경기도 육로, 제5봉은 전라도 해안과 충청도 내륙, 경기도 해안을 거쳐 오는 봉수를 받았어.

봉수는 고려 시대와 마찬가지로 올리는 횟수를 달리하여 정세를 알렸어. 즉, 평상시에는 봉수를 한 번 올리고, 적이 나타나면 두 번, 적이 국경 가까이 오면 세 번 올렸지. 그리고 적이 국경을 침범하면 네 번, 적과 아군이 전투를 벌이면 다섯 번 올렸어. 안개나 비, 바람 등으로 봉수가 어려워지면 대포를 쏘거나 나팔을 불어 알리고, 봉수군이 다음 봉수대까지 달려가서 알렸어. 변경에서 올린 봉수가 남산에 도착하는 데는 열두 시간쯤 걸렸지. 이렇게 다섯 갈래에서 들어오는 봉수는 병조에서 날마다 파악해 이튿날 새벽 승정원에 보고하여 임금에게 알렸단다.

## 21

## 강감찬 장군은 사람들에게 해를 끼치는 동물들을 많이 쫓았다?

고려 시대에는 뚝섬을 '동교'라고 불렀어. 한양 동쪽에 있는 들판이라고 말이야.

고려 현종 때는 이곳에 호랑이가 들끓었다고 해. 호랑이들이 시도 때도 없이 나타나 사람들을 마구 해쳤지. 한양을 다스리던 부윤은 호랑이 때문에 골머리를 앓았어.

"호랑이들이 동교에 떼 지어 나타나 사람들을 마구 물어가니 큰일이구나. 대낮에도 그곳을 다닐 수 없을 정도라니……"

부윤은 관리들이 모인 자리에서 이런 말을 하며 한숨을 길게 내쉬었어.

그때 강감찬이 앞으로 나섰어.

"걱정하실 것 없습니다. 닷새면 호랑이를 모조리 쫓아낼 수 있습니다."

부윤은 귀가 번쩍 뜨였어.

"그게 정말인가? 자네만 믿겠네."

강감찬은 한양 판관으로 일하고 있었어. 그는 호랑이를 모조리 쫓아내겠다고 큰소리치고는 아전을 불러 쪽지를 건네며 말했단다.

"너는 내일 새벽에 북동에 가 보아라. 늙은 중이 바위에 앉아 있을 테니 그를 만나면 이 쪽지를 전하고 나한테 데려오너라."

이튿날 새벽 아전은 북동에 나갔어. 그랬더니 강감찬이 말한 대로 늙은 중이 바위에 앉아 있는 거야. 아전은 늙은 중에게 쪽지를 전하며 말했어.

"강감찬 판관님이 찾으시니 함께 갑시다."

늙은 중은 쪽지를 읽어 보더니 군말 없이 아전을 따라 나섰어.

강감찬은 늙은 중이 나타나자 눈을 부릅뜨고 호령을 했어.

"천하에 못된 놈! 영물이라는 것들이 사람들을 괴롭혀? 너한테 닷새를 줄 터이니 다른 곳으로 떠나거라. 계속 여기에 머무르면 내가 너희들을 단칼에 없앨 것이다."

곁에 있던 부윤이 눈을 크게 떴어.

"자네 미쳤는가? 스님한테 그런 험한 말을 하다니……."

"이자는 스님이 아닙니다. 호랑이 무리를 이끄는 늙은 호랑이

입니다. 네 본래 모습을 보여 주어라."

강감찬이 말하자 늙은 중은 그 자리에서 늙은 호랑이로 변했어. 부윤은 소스라치게 놀랐지.

다음 날 강감찬의 명으로 동교에 다녀온 아전이 이렇게 아뢰었어.

"늙은 호랑이 한 마리가 호랑이 떼를 거느리고 강을 건너갔습니다."

"알겠다. 늙은 호랑이가 약속을 지켰구나. 동교를 떠났어."

이때부터 동교에는 호랑이가 얼씬도 하지 않아 사람들이 편안하게 다닐 수 있게 되었단다.

강감찬이 동경 유수가 되어 경주에 부임했을 때는 또 이런 일이 있었어.

어느 날 어떤 백성이 밤마다 개구리 소리 때문에 잠을 잘 수 없다고 소장을 올린 거야. 강감찬은 관원을 불러 명령했어.

"연못에 가서 가장 큰 개구리를 잡아 오너라."

관원이 연못에 가서 가장 큰 개구리를 잡아 오자 강감찬은 개구리를 큰소리로 꾸짖었어.

"네 이놈! 이 성 안에서 또 울면 입을 틀어막을 것이다. 다시는 울지 마라!"

그러고는 개구리를 연못에 놓아주었지. 그 뒤로 개구리들은 전혀 울지 않았다는구나.

그 밖에도 강감찬이 호랑이·개미·맹꽁이·모기 등 사람들에게 해를 끼치는 동물들을 물리친 이야기들이 전국 곳곳에서 전해지고 있어. 이만하면 강감찬 장군은 천하제일의 도사라 할 수 있겠지? 그에 관한 이야기들이 이렇게 많이 입에서 입으로 전해졌던 것은 그가 워낙 뛰어난 명장이었기 때문이란다.

## 강감찬 장군이 여우의 아들이라고요?

강감찬은 불세출의 명장으로 알려져 있기 때문에 그에 관해서는 전국 각지에서 많은 설화가 전해지고 있어.

그중에서 가장 널리 알려진 이야기가 강감찬 장군이 태어날 때 하늘에서 큰 별이 떨어졌다는 거야. 별이 떨어진 터라고 해서 그곳을 '낙성대(落星垈)'라고 부르는데, 지금의 서울시 관악구 봉천동에 있지.

출생에 얽힌 이야기 가운데는 강감찬이 여우 여인의 아들로 태어났다는 이야기가 있어. 강감찬의 아버지가 훌륭한 아들을 낳으려고 많은 노력을 했는데, 본부인에게 돌아오는 길에 여우 여인을 만나 강감찬을 낳게 되었다는 거야.

또한 강감찬이 성장할 때의 이야기도 있는데, 그는 원래 빼어나게 잘생겼대. 하지만 남자가 너무 잘생기면 장차 큰일을 할 수 없다며 스스로 마마신을 불러 얼굴을 얽게 했다는 거야.

어느 날 강감찬은 아버지를 따라 어느 대감 댁의 혼인 잔치에 갔어. 그런데 강감찬이 그 집 마당에 들어서자 신랑이 입에 게거품을 물고 죽는 거야. 그때 강감찬은 발길을 돌려 그 집에서 나왔어. 그러자 신랑은 다시 살아났지.

이런 일이 되풀이되자 강감찬은 신랑을 무섭게 쏘아보았어. 그 순간, 신랑은 새파랗게 질려 여우로 변하더니 걸음아 날 살려라 하고 달아나는 거야.

진짜 신랑은 길가 고목의 구멍 속에 기절해 있었어. 신랑이 신부 집을 향해 올 때 교자를 고목 밑에 내려놓은 적이 있었는데, 그때 고목의 구멍 속에 살던 여우가 신랑을 기절시키고 자신이 신랑으로 둔갑했던 거지. 강감찬이 이런 사실을 밝혀내자 사람들은 강감찬을 도사로 우러러보았단다.

## 22

# 매와 개는 임금이
# 좋아하는 뇌물?

몽골은 30년 동안 고려를 침략하여 마침내 항복을 받아 낸 뒤, 100여 년 동안 고려에 여러 가지 공물을 요구했단다. 그중에는 매와 개도 포함되어 있었어.

우리나라 매는 용감하고 날쌔서 오랜 옛날부터 중국에 널리 알려져 있었지. 사냥을 위해 매를 이용하는데 우리나라 매가 무척 뛰어났거든.

몽골이 요구하는 매는 한두 마리가 아니었어. 그 많은 매를 한꺼번에 잡아 보낼 수 없기에 고려에서는 매를 잡아 기르는 관청을 만들었지. 그것이 바로 응방이야. 응방은 각 지방의 역과 외군에 두었는데, 몽골에서는 고려에 매잡이 관리인 착응사를 보내어 매를 빨리 보내라고 독촉하기도 했어.

응방에서는 매뿐만 아니라 개도 길렀단다. 몽골에서는 조공품으로 개도 보내 달라고 했거든.

우리나라의 풍산개는 사냥을 아주 잘했어. 특히 담비나 수달을 잡는 데는 그 솜씨가 귀신같았지. 몽골군은 풍산개를 이용하여 담비나 수달 사냥을 많이 했어. 몽골 기마 부대는 검은 담비털로 외투를 만들어 입었는데, '카라불루간닥쿠'라고 부르는 이

옷이 수달 가죽으로 만든 옷과 함께 최고로 쳐주었지.

매와 개는 몽골에서만 인기가 있는 게 아니었어. 고려의 왕들은 사냥을 즐기기 때문에 매와 개를 무척이나 좋아했어. 그래서 응방에서 일하는 관리들은 왕에게 잘 보이려고 매와 개를 뇌물로 바치는 경우가 많았단다. 그들은 왕의 총애를 얻게 되면, 왕을 믿고 권세를 부리고 부귀영화를 누렸지. 제25대 충렬왕에게 매와 개를 바쳤던 윤수, 김주정, 박의 등이 그러했단다.

고려가 망한 뒤에도 응방은 그대로 남아 있었어. 중국 황제는 우리나라 매를 좋아하여 해마다 수십 마리의 매를 조공품으로 바치라고 했으니까.

조선 시대에는 중종 때부터 평안도와 함경도 두 곳에만 응방을 두어 매를 잡아 기르는 일을 맡겼다는구나.

> **우리나라에서는 몽골의 영향으로 개고기를 즐겨 먹게 되었다면서요?**

우리나라는 삼국 시대 이전부터 고기 음식을 즐겨 먹었어. '맥적'이라는 고기구이가 유명했고, 『삼국유사』에 김춘추가 하루에 꿩을 아홉 마리나 먹었다는 기록도 있어.

하지만 통일 신라 시대를 거쳐 고려 시대에 와서는 살생을 금하는 불교의 영향으로 고기 음식을 별로 먹지 못했지. 제24대 원종은 "왕은 짐승들에게까지 인심을 베풀어야 한다. 그러니 고기 음식을 상에 올리지 마라." 하고 말할 정도였어.

그러나 고려 후기에 와서는 몽골의 영향으로 고기 음식을 먹게 되었지. 마르코 폴로의 『동방견문록』에도 나와 있듯이 몽골 사람들은 개고기를 좋아했는데 고려 사람들도 개고기를 즐겨 먹게 된 거야.

조선 시대에도 개고기를 즐겨 먹는 풍습은 그대로 남아서 『음식 디미방』 등 조선 시대 음식 책에는 개고기 음식에 대해 많이 다루고 있다는 구나.

# 23

# 봉황이 날아오지 못하게 벽오동나무를 모조리 베어 버린 신돈

벽오동나무는 오동나무와 전혀 다른 나무야. 오동나무는 현삼과에 속하지만 벽오동나무는 벽오동과에 속하거든. 잎이 오동나무 잎을 닮고 줄기가 푸르다고 해서 '푸를 벽(碧)' 자를 붙여 '벽오동'이라 불렀어. 그러니까 벽오동나무와 오동나무는 줄기 색깔을 보고 구분할 수 있는 거지.

벽오동나무는 우리나라에서 오랜 옛날부터 중부 이남에서 자랐어. 옛날 사람들은 이 나무를 좋아하여 즐겨 심었단다. 벽오동나무는 줄기가 푸르고 곧게 자라 선비의 정신을 닮았고 봉황이 이 나무에만 둥지를 튼다고 믿었기 때문이었지.

봉황은 화려한 광채를 가진 상상의 새야. 머리는 닭, 목은 뱀, 턱은 제비, 꼬리는 물고기, 다리는 학, 발톱은 매, 깃털은 원앙, 등은 거북을 닮았고, 오색찬란한 몸에 다섯 가지 아름다운 울음소리를 낸다고 하지. 머리는 어둠을 쫓고 빛을 불러오는 닭, 목은 풍년과 다산을 불러들이는 뱀, 턱은 천심을 전하는 제비, 꼬리는 떼 지어 다니며 잘 때도 눈을 떠서 병권을 뜻하는 물고기 등등 군왕이 갖춰야 할 것을 모두 갖고 있다고 해서 봉황은 군왕을 상징하는 새로 알려져 있어. 옛날 사람들은 이 봉황이 나타나면 천하가 태평성대하다고 믿었다는구나.

　오동도는 전라남도 여수시 수정동에 속하는 섬이야. 멀리서 보면 꼭 오동잎처럼 보이고, 벽오동나무가 많아 봉황이 많이 날아왔다고 해. 하지만 어느 날 갑자기 오동도에서 벽오동나무가

사라지면서 봉황도 자취를 감추었대.

고려 공민왕 때 권력을 잡은 신돈은 풍수지리에 밝았어. 그는 불안의 눈초리로 전라도 땅을 바라보며 생각에 잠겼어.

'전라도(全羅道)'의 '전(全)' 자가 '사람 인(人)' 자 밑에 '임금 왕(王)' 자란 말이야. 고려 왕조가 기울어가고 있는데 전라도에서 왕이 나올지도 몰라. 오동도가 벽오동나무가 있어 봉황이 날아들고 있으니 거의 그렇게 되어갈 추세야. 이를 막을 좋은 방법이 없을까?'

신돈은 궁리를 거듭하더니 공민왕에게 아뢰어, 전라도에서 왕이 나오지 못하게 할 방법을 찾았어. 전라도의 '전(全)' 자의 '사람 인(人)' 자를 '들 입(入)' 자로 바꾸게 하고, 봉황이 날아오지 못하게 오동도에서 벽오동나무를 모조리 베어 버린 거야. 이때부터 오동도에서 벽오동나무가 사라지게 되었지.

그러나 신돈은 전라도에서 왕이 나오는 것을 끝내 막지 못했어. 뒷날 전라도 전주 이 씨인 이성계가 나와 고려를 무너뜨리고 조선을 세웠거든.

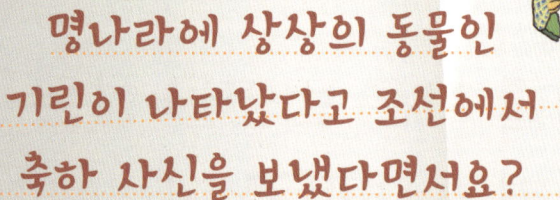

> 명나라에 상상의 동물인 기린이 나타났다고 조선에서 축하 사신을 보냈다면서요?

기린은 상상의 동물이야. 머리에는 뿔이 하나 돋아 있고, 온몸에 영롱한 비늘이 덮여 있어. 몸은 사슴, 꼬리는 소, 발굽은 말, 머리는 용의 모습이야. 기린은 용처럼 하늘을 날거나 말처럼 땅 위를 달려 '용마(龍馬)'라 불리기도 하지. 이 동물은 살아 있는 생명체는 절대로 죽이지 않지만 악한 괴물과 싸울 때는 전혀 다른 모습을 보이지. 입에서 불을 뿜고, 천둥 같은 울음소리로 상대를 제압해 버리거든.

1414년의 어느 날 중국 명나라의 황궁은 발칵 뒤집혔어. 명나라 3대 황제인 영락제가 정화 장군을 시켜 해외로 대선단을 보냈는데, 명나라로 기린을 가져온 거야. 이 기린은 동아프리카 말린디 왕국(케냐)에서 벵골국(방글라데시)으로 선물을 보낸 것이었는데, 벵골국에서 명나라 황제에게 조공으로 바쳤지. 이 기린은 상상의 동물이 아니라 아프리카 초원의 목이 긴 동물이었어. 하지만 기린을 처음 본 사람들은 머리에 뿔이 솟아 있는 모습 등에서 상상 속의 동물과 많이 닮았다고 여겼지. 명나라에서는 상상의 동물인 기린이 나타났다고 난리가 났어. 1414년(태종 14년) 윤 9월 30일 조선은 공조판서 권충, 총제 이징을 명나라에 사신으로 보내 기린이 나타난 것을 축하하기까지 했단다.

## 24

# 소의 혀를 자른 범인을 잡은 고을 수령의 명판결

고려 시대나 조선 시대에는 사법권이 독립되어 있지 않았어. 고을 수령들은 행정과 군사, 사법을 장악하여 백성들의 온갖 사건들을 처리하는 판관 노릇을 했지.

고려 말의 문신인 이보림은 공민왕 4년(1355년) 문과에 급제한 뒤 남원부사·경산부사·대사헌 등을 지냈어. 그는 성품이 곧고 인품이 좋아 백성들에게 존경을 받았지. 특히 경산부사로 있을 때는 소송 사건과 형사 사건을 현명하게 처리하여 명판관으로 이름을 날렸단다.

이보림이 경산부(지금의 경북 성주)의 수령으로 있을 때 일이야. 어느 날 한 농부가 관가로 와서 머리를 조아리며 말했어.

"사또, 제가 기르는 소의 혀가 잘렸습니다. 아무래도 제 이웃에 사는 김가란 녀석이 한 짓인 듯싶습니다."

"그래?"

이보림은 곰곰이 생각해 보았어. 농부는 이웃에 사는 김가가 범인인 것 같다고 했지만 농부의 말만 믿고 그를 잡아들일 수는 없었어. 아무 증거도 없고 범행 현장을 목격한 사람도 없었으니 말이야.

'답답한 노릇이군. 그렇다고 말 못 하는 소에게 누가 범인이냐고 물어볼 수도 없고……'

이보림은 고민을 거듭하다가 한 가지 꾀를 내었어.

"내일 오후에 마을 사람들을 모두 한자리에 불러 모아라."

이보림은 관리에게 지시한 뒤 농부에게 말했어.

"너는 내일 오후까지 소에게 물을 먹이지 말고 마을 사람들이 모인 자리에 소를 끌고 오너라."

"예, 알겠습니다."

다음 날 오후가 되자 마을 사람들이 관가로 모여들었어. 농부는 혀가 잘린 소를 끌고 왔지.

이보림이 사람들에게 빈 물통을 나누어 주며 말했어.

"우물에 가서 각자 물을 한 통씩 길어 오너라."

마을 사람들은 이보림이 시키는 대로 우물에서 물을 한 통씩 길어 왔어. 이보림은 사람들을 한 줄로 세운 뒤 이런 명령을 내렸단다.

"너희들은 차례로 소의 입에 물통을 들이대어라. 소가 물을 마시려 하면 얼른 물통을 치워야 한다."

마을 사람들은 영문을 몰라 어리둥절한 표정을 지었어.

'장난도 아니고, 왜 그런 엉뚱한 지시를 내리는 거지?'

그래도 고을 수령의 명령을 어길 수는 없었어. 사람들은 차례로 소의 입에 물통을 들이대었지.

소는 사람들이 물통을 들이댈 때 반가워 어쩔 줄을 몰랐어. 어제부터 물을 마시지 못해 몹시 목이 말랐거든. 소가 물을 마시려고 목을 길게 뺐는데 그때마다 사람들은 매정하게도 물통을 치워 버렸단다.

드디어 농부가 범인으로 의심하는 이웃집 김가의 차례가 되었어. 김가도 다른 사람들처럼 소의 입에 물통을 들이댔지. 그런데 뜻밖에도 소는 기겁을 하며 뒤로 물러서는 거야.

이보림은 그 순간을 놓치지 않고 큰 소리로 외쳤어.

"저놈이 범인이다! 오랏줄로 묶어라!"

포졸들이 달려들어 김가의 몸을 꽁꽁 묶었어. 이보림이 심문을 하자 김가는 범행을 털어놓았어.

"죄송합니다. 이웃집 소가 제 볏단을 뜯어먹기에 홧김에 소의 혀를 잘랐습니다."

마을 사람들은 고을 수령의 명판결에 모두 감탄했지.

"우리 고을 사또는 명판관이야. 어쩌면 저렇게 지혜로우실까."

이보림은 그 밖에도 여러 어려운 송사를 슬기롭게 처리하여 백성들의 두터운 신임을 얻었단다.

> **중국의 명판관인 포청천도
> 소의 혀를 자른 범인을
> 잡았다면서요?**

중국 역사상 가장 유명한 판관은 북송 인종 때의 명신인 포증이야. 그는 사건을 명확하게 처리하고 공명정대한 재판을 하여 백성들의 억울함을 풀어 주었어. 그래서 백성들은 모두 그를 존경하여 '포청천'이라 불렀지.

포청천은 28세 때 진사에 급제해 벼슬길로 나아간 이래 여러 차례 지방관을 지냈어. 그는 지방관으로 부임하면 소송 사건과 형사 사건을 우선적으로 처리했어. 따라서 관청에는 밀린 사건이 없었고, 감옥에는 억울하게 갇힌 백성이 없었다고 해.

포청천은 백성들을 위해 관청 앞에 북을 두었어. 억울한 일이 생기면 누구나 북을 두드려 수령에게 말할 수 있으니 백성들이 모두 좋아했지. 하루는 어떤 농부가 관청을 찾아와서 북을 두드렸어. 북소리가 울리자 관청의 대문은 활짝 열렸고, 농부는 포청천 앞으로 나아가 말했지.

"저희 집에는 황소가 한 마리 있습니다. 외양간에 황소를 매어 두고 다음 날 아침에 일어나 보니, 누군가 우리 황소의 혀를 잘라 갔습니다."

포청천은 곰곰이 생각해 보았어.

'이건 틀림없이 이 농부에게 원한을 가진 자의 짓이야.'

이런 결론을 내린 포청천은 농부에게 말했어.

"황소를 잡아 고기를 팔도록 해라. 다른 사람들에게는 비밀로 하고."

당시에는 민가에서 소를 함부로 잡지 못하게 법으로 금하고 있었어. 소를 잡으려면 관청의 허락을 받아야 했지.

이튿날 다른 농부가 고발장을 들고 찾아왔어.

"마을에 관청의 허락도 받지 않고 소를 잡은 사람이 있습니다."

농부가 고발한 사람은 바로 황소의 혀가 잘렸다는 그 농부였어. 포청천은 그에게 호령했지.

"너는 어째서 남의 집 소의 혀를 잘랐느냐? 그것도 모자라 소 주인을 고발해?"

농부는 하얗게 질려 그 자리에 엎드려 용서를 빌었어.

이 사건이 알려지자 백성들은 그의 지혜에 탄복하며 포청천을 명판관이라 불렀어.

한번은 그의 외당숙이 뇌물 사건으로 고발당했는데 포청천은 곧바로 외당숙을 관청으로 잡아들였지. 이때 외당숙은 그에게 한번만 봐 달라고 빌었어. 그러나 포청천은 냉정하게 말했어.

"외당숙은 법을 어긴 죄인입니다. 법대로 처리할 수밖에 없습니다."

포청천은 이처럼 사사로운 정리에 좌우되지 않고 공평하게 일을 처리했어. 백성들에게 큰 사랑과 존경을 받은 포청천은 중국에서 청백리의 대명사로 불리었어. 남송·금·원 때는 그를 소재로 한 소설이나 희곡들이 많이 만들어졌단다.

## 25 어촌 사람들은 복어를 좋아하는 왜구를 어떻게 쫓아냈을까?

우리나라와 중국의 바닷가 지역에 침입하여 약탈을 하던 일본인 해적을 '왜구'라고 하지. 왜구는 이미 삼국 시대부터 활동해 왔는데 자주 침입하여 큰 피해를 주기 시작한 것은 고려 말기부터야.

공민왕 때 115회, 우왕 때 278회나 침입했으며, 부산·목포 등 남부 해안 지방에서 충청도, 경기도, 평안도, 함경도, 황해도 등에 이르기까지 활동 무대를 전국으로 넓혔어.

그 무렵에 충청도 보령에서는 이런 일이 있었어.

어느 날 보령의 남포면 월전리 마을에서는 사람들이 한자리에 모여 회의를 했어. 모두들 깊은 시름에 젖어 어두운 얼굴이었단다.

제일 먼저 입을 연 것은 장사를 하느라 이 동네 저 동네 돌아다니는 박 서방이었어.

"제가 이곳저곳 다녀 보니 왜구들의 노략질 때문에 난리입니다. 왜구들이 수백 척의 배를 몰고 와서 바다에서 조운선(곡식을 실어 나르는 배)을 습격하는가 하면, 육지로 몰려다니며 관가나 부잣집 창고를 약탈한답니다. 그뿐만 아니라 사람들을 닥치는 대로 죽이거나, 포로로 잡아가 노예로 팔아 버리기도 하고요."

곁에 앉아 있던 조 서방이 박 서방의 말을 받았어.

"다른 동네 이야기를 할 것도 없어요. 우리 고을도 왜구들이 몰려와서 노략질을 일삼지 않습니까. 이제는 우리 고을이 왜구들의 소굴이 되어 버렸어요. 그들은 배로 돌아가지 않고 아예 여기에 눌러앉아 자기네 안방처럼 활개 치며 살고 있으니까요."

이 서방이 끼어들었어.

"어제는 이웃 마을에 왜구들이 쳐들어와 곡식을 빼앗고 집에 불을 질렀다고 합니다. 그들이 곧 우리 마을에도 들이닥칠 텐데, 앉아서 당할 수만은 없지 않습니까? 차라리 다른 마을 사람들처럼 피난을 가는 것이 좋겠습니다."

박 서방이 손사래를 치며 말했어.

"조상 대대로 살아온 집과 땅을 버리고 피난을 가자고요? 그건 안 됩니다. 살아도 여기서 살고 죽어도 여기서 죽어야지요."

"박 서방 말이 옳아요. 우리끼리 모였으니 마을을 지키면서 왜구들을 우리 고장에서 쫓아낼 방법을 의논해 보자고요."

마을 사람들은 의논 끝에 자기들 손으로 마을을 지키기로 했어. 창과 칼을 사들여 왜구들의 침입에 대비하기로 한 거야.

회의가 끝나갈 때쯤, 이제까지 입을 다물고 있던 최 노인이 입을 열었어.

"왜구들을 우리 고을에서 쫓아낼 방법이 한 가지 있긴 한데……."

최 노인의 말에 마을 사람들은 귀가 번쩍 뜨였어.

"방법이 있다고요? 그게 뭐죠?"

"내 이야기를 잘 들어 보게. 자네들은 왜구들이 좋아하는 음식이 뭔지 아나? 바로 복어 요리야."

"어르신 말씀이 옳습니다. 왜구들이 복어라면 사족을 못 쓰더라고요. 회로 먹고 구워 먹고 끓여 먹고…… 갖가지 요리를 만들어 먹는 것을 보았어요. 얼마나 맛있게 먹던지……."

박 서방은 말을 끝내고 입맛을 다셨어.

그때 조 서방이 박 서방의 옆구리를 쿡 찔렀어.

"이 사람아, 먹을 것 좀 그만 밝혀. 자네는 복어 요리가 얼마나 무서운지 알아? 복어에 독이 있어서 잘못 먹으면 죽어. 작년에 이웃 마을에서 복어를 끓여 먹고 한꺼번에 다섯 사람이 죽었다는 소문도 못 들었나?"

최 노인이 고개를 끄덕였어.

"조 서방 말이 맞네. 독을 빼내지 않고 요리를 하면 사람의 목숨을 빼앗기도 하지. 그런데 자네들은 복어가 무엇을 잘 먹는지 아는가? 갯가에 피었다가 갯물에 떨어져 떠다니는 쪽풀의 꽃이야."

"아, 쪽풀이오? 붉은 꽃이 이삭 모양으로 피지요. 잎은 남빛을 물들이는 물감의 원료로 쓰이고요. 어르신, 쪽풀이 왜구를 쫓아내는 것과 무슨 상관이 있다고 갑자기 그 이야기를 하십니까?"

"내 이야기를 끝까지 들어 보게. 복어라는 놈이 쪽풀의 꽃을 먹으면 독이 더 강해진다네. 그러므로 쪽풀을 많이 길러 퍼뜨리면 복어가 그것을 많이 먹어 독이 더 강해질 테고, 그렇게 되면 왜구들이 그 복어를 먹고 식중독을 일으켜 죽을 것이 아닌가?"

최 노인의 말에 마을 사람들은 얼굴빛이 환해졌어.

"말씀을 듣고 보니 그렇군요. 왜구들을 쫓아내려면 쪽풀을 열심히 길러야겠어요."

이튿날부터 마을 사람들은 정성을 다해 쪽풀을 길러 널리 퍼뜨렸어. 갯가에는 쪽풀이 아주 흔해졌고, 꽃이 피었다가 져서 갯물에 떨어지자 복어들이 그것을 먹었어.

그 뒤에 복어를 잡아먹은 왜구들은 어김없이 죽었어. 하도 독이 강해 그 자리에서 죽었단다. 쪽풀 때문에 복어의 독이 강해진 줄을 모르는 왜구들은 공포에 질렸어.

"으악! 우리가 이 땅에서 산다고 산신령이 노하셨나 보다."

"계속 여기서 살다가는 한 명도 살아남지 못하겠다."

왜구들은 도망치듯 육지에서 철수했고, 배를 타고 고향으로 돌아갔어.

마을 사람들이 쪽풀을 길러 퍼뜨린 바닷가에는 이때부터 '쪽풀 남(藍)'자를 써서 '남포(藍浦)'라는 이름을 얻었단다.

> ## 일본은 왜구 덕분에 복어 요리를
> ## 즐겨 먹게 되었다면서요?

일본이 복어 요리를 먹게 된 데는 다음과 같은 전설이 전해져. 오랜 옛날, 왜구들이 중국 해적들과 싸움을 벌였어. 이들은 여러 해 동안 날마다 전투를 했는데, 일 년에 한 번 설날 무렵에는 휴전 협정을 맺고 10여 일간 싸우지 않았어.

어느 날 왜구들과 중국 해적들은 함께 만나 코가 삐뚤어지도록 술을 마셨어. 그런데 이튿날 아침에 보니 왜구들은 초죽음이 되어 누워 있는데 중국 해적들은 멀쩡한 얼굴로 거뜬히 일어나는 거야.

'똑같이 술을 마셨는데 어떻게 이런 일이……?'

깜짝 놀란 왜구들의 우두머리는 그 이유를 알아보았어. 그랬더니 중국 해적들은 '큰 강에서 잡히는 살찐 고기'라는 '하돈(河豚)'을 탕으로 끓여 먹었는데, 이것이 바로 복어야. 이리하여 일본에는 왜구들을 통해 복어 요리가 전해져 복어 요리를 즐겨 먹게 되었다는구나.

그러나 일본 고대사의 가장 오래된 자료인 『삼국지』 '위지 왜인전'에 "일본 사람은 복어 잡이를 좋아한다."는 기록이 있어. 그리고 2천 년 전의 것인 일본의 조개무지에서 복어 뼈가 발견되었지. 따라서 일본에서는 고대부터 복어를 먹어 온 것으로 추정하고 있어.

## 26

# 고려의 마지막 임금 공양왕을 지켜 준 충견 삽살개

고려의 마지막 임금은 제34대 공양왕이야. 위화도 회군으로 권력을 잡은 이성계 일파에 의해 1389년 임금으로 추대되었지. 하지만 그는 아무 힘이 없는 허수아비 왕에 불과했어. 결국 2년 8개월 만에 나라의 멸망과 함께 왕위에서 쫓겨난 뒤 개성을 떠나 도망 다니는 신세가 되었어.

공양왕과 왕비인 순비 노 씨의 곁에는 남아 있는 신하가 없었어. 두 사람 곁을 떠나지 않고 지켜 주는 것은 왕과 왕비가 아끼던 삽살개 한 마리뿐이었단다.

왕과 왕비가 경기도 고양 땅에 이르렀을 때는 날이 저물어 사방이 어두웠어. 지칠 대로 지친 두 사람은 길에서 하룻밤을 묵어 가게 되었지. 현재 그곳을 '어침'이라 부르는데, '왕이 잠을 잔 곳'

이라는 뜻이야.

공양왕은 잠시 잠들었다가 깨어났어. 어둠 속을 둘러보니 저 멀리 한 점 불빛이 보였지. 그곳은 절이었어. 공양왕이 주지 스님을 만나 숨겨 줄 것을 청하자 주지 스님은 고개를 저었지. 이미 왕조가 바뀌어 조선 왕조가 불교를 탄압하는 데다, 쫓겨난 임금을 숨겨 주었다가는 무슨 화를 당할지 모르는 일이었거든.

주지 스님은 절에서 십 리쯤 떨어진 곳 정자에 머물면 날마다 수라를 갖다 드리겠다고 말했지. 공양왕은 할 수 없이 발길을 돌려 정자가 있는 다락골을 향해 출발했어. 하지만 밤이 깊고 산도 험하여 더 이상 나아갈 수가 없었어. 일행은 어쩔 수 없이 어느 고개에서 잠을 청했는데, 왕이 잔 곳은 대궐이나 마찬가지라 하여 이 고개를 '대궐 고개'라 부르게 되었단다.

다음 날 아침 공양왕은 다락골에 있는 정자로 갔어. 일행은 정자에서 숨어 지내며 절에서 날라다 주는 음식으로 끼니를 이어 갔지. 뒷날 다락골 마을은 절(寺)에서 밥(食)을 날라다 주었다고 하여 '식사리(食寺里)'라 부르게 되었다는구나.

그러던 어느 날이었어. 갑자기 왕과 왕비가 보이지 않는 거야.

절에서 밥을 날라다 주는 스님은 이상하여 왕과 왕비를 찾아 나섰어. 그런데 그때 왕과 왕비의 귀여움을 받던 삽살개가 불쑥 나타나더니 근처 연못으로 달려가는 거야. 삽살개는 물속을 들여다보며 한동안 짖더니 연못에 몸을 던져 죽고 말았단다.

　스님은 이상한 생각이 들어 사람들을 불러 연못의 물을 모두 퍼냈어. 그랬더니 옥새를 품은 공양왕이 왕비와 더불어 죽어 있는 거야. 공양왕은 나라가 망해 쫓겨 다니는 신세를 한탄하며 왕비와 함께 연못에 뛰어들어 목숨을 끊은 것이지.

　사람들은 연못에서 시신을 건져내어 근처에 왕과 왕비의 무덤을 만들어 안장했어. 이 능이 바로 경기도 고양시 원당동에 있는 고릉(공양왕릉)이야. 현재 국가 사적 제191호로 지정되어 있지. 왕릉 앞에는 삽살개와 밥그릇 모양의 석상이 있어. 이 석상은 공양왕을 끝까지 지켜 주고 시신을 발견하도록 도와준 후 주인을 따라 죽은 충견 삽살개를 기념하기 위해 사람들이 세웠단다.

## 강원도 삼척에 또 다른 공양왕릉이 있다면서요?

고려의 마지막 임금 공양왕에 대해서는 또 다른 기록이 있어. 왕위에서 쫓겨난 공양왕은 강원도 원주(또는 간성)로 유배되었다가 삼척으로 옮겨졌다는구나. 지금의 삼척시 근덕면 궁촌리가 공양왕이 마지막으로 머문 곳이래. 왕이 머문 곳이라 하여 '궁촌리(宮村里)'라는 이름을 얻었는데, 이곳은 '살해골'이라 불리기도 해. 1394년 4월 서울에서 내려온 자객 정남보·함전림이 공양왕을 살해했다고 말이야.

공양왕이 죽어 묻힌 곳이 궁촌리의 공양왕릉이야. 삼척의 공양왕릉은 '궁촌왕릉'이라고도 불리는데, 현재 강원도 기념물 제71호로 지정되어 있어. 삼척의 공양왕릉이 경기도 고양으로 이장했다는 이야기도 전해지고 있는데, 두 공양왕릉 중에 어디에 공양왕이 묻혀 있는지 아직 밝혀지지 않았다는구나.

## "소를 함부로 잡지 말라!", 나라에서 내린 우금령

　　조선 시대에는 '주금(酒禁)'·'송금(松禁)'·'우금(牛禁)'의 세 가지를 금한다는 '삼금 정책'이 있었어. 주금은 흉년에 곡식을 아끼려고 일정한 기간 동안 술을 빚어 팔거나 마시지 못한다는 것이었고, 송금은 건축 재료로 쓰이는 소나무를 가꾸고 보호하기 위해 소나무를 몰래 베지 못한다는 것이었어. 그리고 우금은 농사에 꼭 필요한 소를 함부로 잡지 못한다는 것이었지.

　　농가에서 소는 매우 귀중한 가축이었어. 논이나 밭을 갈 때마다 쟁기를 끌어 쓸모가 많았거든. 적어도 대여섯 사람 몫의 힘을 발휘해 중요한 노동력이었지. 따라서 나라에서는 농사에 꼭 필요한 소를 확보하기 위해서라도 소를 함부로 잡는 것을 막아야 했단다.

고려 시대만 해도 사람들은 불교의 영향으로 고기를 많이 먹지 않았어. 하지만 조선 시대에 들어서면서 쇠고기가 인기를 끌기 시작했는데, 양반 사대부들이 쇠고기를 즐겨 찾았기 때문이야. 쇠고기는 유교 제사에서 으뜸가는 제물이었으니까. 쇠고기 소비가 늘어났고, 양민들까지 쇠고기에 맛을 들여 전국 곳곳에서 사사로이 소를 잡게 되었어. 이렇게 되자 농사에 쓸 소가 모자랄 지경에 이른 거야.

나라에서는 이 사태를 심각하게 받아들였어. 소가 없으면 농사짓기 어려우니 농사지을 소를 보호하기 위해서라도 획기적인 조치가 필요했어. 그래서 태조 7년(1398년) "소를 함부로 잡지 말라!"는 우금령을 내린 거야.

그러나 우금령을 내려도 소를 잡는 것은 여전했어. 소도둑이 늘어나 소를 훔쳐 잡기까지 했어. 결국 소 밀도살을 막기 위해 이를 감시·처벌하는 '금살도감'을 설치했단다. 밀도살업자에게는 얼굴에 먹으로 '도살'을 뜻하는 글자인 '재우(宰牛)'를 새겼는데, 소도둑의 경우에는 '우적(牛賊)'이라 부르며 가장 못된 도둑으로 여겼지. 소를 훔쳤다가 관가에 붙잡히면 교수형에 처했는데, 운이 좋아 교수형을 면해도 얼굴에 '우적'이라는 글자를 새겼어.

그러나 우금령을 시행하고 처벌을 강화해도 밀도살은 사라지지 않았어. 오히려 쇠고기 소비가 갈수록 늘어났으니 밀도살과

밀거래는 더욱 성행했지.

밀도살이 늘어난 데는 소가죽도 한몫을 했어. 19세기에 일본과 청나라로 수출되는 소가죽 물량이 크게 늘었거든. 소가죽은 소를 잡아야 나오는 물품이라 밀도살이 성행할 수밖에 없었지.

> ## 우리나라 사람들은 옛날부터
> ## 쇠고기를 좋아했지요?

우리나라 사람들은 옛날부터 쇠고기를 좋아했어. 그래서 소를 잡으면 머리에서 발끝까지, 내장 하나 버리지 않고 모두 식용으로 이용했지. 우리나라에 왔던 미국의 문화 인류학자 마거릿 미디는, 쇠고기를 부위별로 세분화하여 먹는 민족은 세계에 우리 민족과 동아프리카의 보디 족뿐이라고 했어. 일본 사람이 15부위, 영국 사람이 35부위로 나누어 먹는 데 비해, 동아프리카의 보디족은 51부위, 우리 민족은 무려 120부위로 나누어 먹는다는 거야.

우리 민족이 이처럼 어느 한 부위도 버리지 않는 것은 농경 민족이기 때문이야. 농경 민족에게는 농사를 돕는 소가 소중하고, 또 풍년을 빌며 소를 제물로 바쳐 왔기에 함부로 버리지 않는다는 거야.

쇠고기 요리만 해도 등심은 불고기·전골, 머리는 편육, 혀는 편육·찜·전골, 양지육은 국국물·찌개, 안심은 구이·전골, 갈비는 찜·탕·구이, 업진육은 편육·국, 대접살은 장조림·포·육회, 채끝살은 찌개·시심이, 사태는 탕·조림, 꼬리와 다리는 탕, 홍두깨살은 탕·조림 등에 이용했어.

# 28 양반들의 발이 되어 준 나귀

옛날에 말은 아주 중요한 교통수단이었어. 양반들은 먼 길을 갈 때는 꼭 말을 타고 다녔지. 하지만 평민이나 천민들은 말을 타고 다니지 못했어. 말이 워낙 비싸서 노비의 몸값과 맞먹는 데다, 이들이 말을 타면 압수하고 곤장 80대를 치라고 『경국대전』에 밝혀 놓았기 때문이야.

그런데 조선 초기에는 노비들이 버젓이 말을 타고 한양 도성 안을 돌아다녔나 봐. 정종 2년(1400년) 7월에야 임금이 노비·목동·장인·상인·땔나무를 하는 아이(초동)·상복 입은 사람 등은 한양 도성 안에서 말과 소를 타지 못하게 했거든. 이를 어기면 말과 소를 빼앗고 곤장 80대를 치게 했지.

조선 초기에 신분이 낮은 사람들이 말과 소를 타고 다닌 것은, 건국 직후라서 사회가 어수선하고 틀이 잡히지 않아 천민들도 벼슬자리에 앉을 수 있기 때문이었어.

양반들이 여행을 떠날 때 발이 되어 준 것은 나귀였어. 나귀는 몸집이 작지만 힘이 좋아서 무거운 짐을 싣고 먼 길을 가는데 아주 편리했지. 양반들이 나들이할 때 '육족(六足)'이 필요하다고 했는데, 그것은 다리 넷 달린 나귀와 다리 둘 달린 하인인 말구종이었어. 하인은 양반이 말을 타고 갈 때 그 고삐를 잡고 따라다녔던 거야.

나귀는 중국에서 흔히 볼 수 있던 짐승이야. 당나라 말에 선비들이 사치스러워져 나라에서 말을 타지 못하게 했다는구나. 그러자 과거를 보러 가는 선비들은 모두 나귀를 타야만 했지.

우리나라에서는 나귀를 '당나귀'라고 불렀어. 당나라에서 들여온 나귀라고 말이야. 조선 성종 때도 당나라에서처럼 선비들이 말을 타고 다니는 것을 사치스럽게 여겨 말 대신 나귀를 타고 다니게 했다는구나.

나귀는 작고 싸고 볼품없지만 세속에 때 묻지 않은 선비의 상징처럼 여겨졌어. 따라서 조선 시대 선비와 양반들은 나귀를 타고 다니는 것을 좋아했지.

영조 48년(1772년)에는 무신 윤태연이 인사 청탁을 하고 다닐 뿐 아니라, 나귀를 타고 복건을 쓴 채 돌아다녔다고 해서 사헌부의 탄핵을 받았단다. 무신이 나귀를 타고 복건을 쓴다는 것은 자기 분수를 모르는 짓으로 여겼거든. 나귀와 복건은 선비들이나 이용하는 것이었으니 말이야.

나귀는 본래 느릿느릿 걸어서 군마로는 맞지 않았어. 무신들은 전쟁이 벌어지면 전쟁터로 달려가야 했기에, 느려 터진 나귀 대신 빠른 말을 타고 다녔지.

그런데 무신들이 문신 흉내를 내고 멋을 부리느라 나귀를 타고 다니는 사람들이 있었으니, 문신들은 이를 못마땅하게 생각했어. 그래서 벼르고 벼르다가 무신 윤태연을 탄핵하여 따끔한 맛을 보게 한 거야.

양반들은 고향을 다녀오거나 한양으로 올라갈 때도 언제나 말을 이용했어. 조선 영조 때 벼슬아치였던 이재 황윤석은 10세 때부터 죽기 이틀 전까지 『이재난고』라는 일기를 썼는데, 거기에는 하급 관리 시절에 고향을 다녀온 내용이 기록되어 있단다.

황윤석은 70일 휴가를 받아 고향인 전라도 흥덕을 향해 떠났는데, 그와 동행한 것은 말과 말구종이었어. 그는 이튿날 아침 너무 피곤하여 말 위에서 꾸벅꾸벅 졸았어. 말도 피곤한지 자꾸만 넘어졌고 하인도 발이 퉁퉁 부었지. 할 수 없이 황윤석은 말에서 내려 걸어갔어. 그 다음 날은 비가 내렸는데, 말은 지쳐서 꼴을 먹지 못했어. 그는 날이 잠깐 갤 때 출발했는데, 말을 탈 수가 없어 계속 걸어갔어. 그러다가 다행히 관마를 빌려 타게 되어 고향까지 무사히 갈 수 있었지.

황윤석의 여정이 그렇듯이 양반들이 한양을 오고가는 길은 그리 순탄치 못했어. 가져가야 할 짐이 많아 말에 짐을 싣고 가고, 다리가 아플 때만 잠깐씩 말을 이용했어. 말이 다치거나 병들고 심지어 하인이 말을 가지고 달아나거나 주인이 말에서 떨어져 크게 다치는 경우도 있었지. 말구종은 고삐를 잡고 걸어가기 때문에 주인이 말을 타도 속도를 내지 못했어. 하루 종일 가도

70, 80리쯤이었고 많이 가야 100리 정도였어.

한양을 오고가는 데는 노자도 적지 않게 들었어. 젊은 선비들이 과거를 보러 갈 때는 한양에서의 체류 경비도 많이 들어, 말에는 동전 꾸러미를 잔뜩 실었단다. 김옥균이 고향 옥천을 떠나 과거를 보러 갈 때는 말에 100냥을 싣고 떠났다고 해.

> ## 장돌뱅이들은 말과 함께 여행을 다녔다지요?

조선 시대에 말과 함께 여행을 다닌 무리를 꼽는다면 장돌뱅이야. 이들은 조선 팔도 장터를 찾아 여기저기 떠돌아다녔어.

단원 김홍도의 풍속도 〈장터길〉에는 짐을 싣기 위해 빈 말을 타고 가는 장돌뱅이들이 나와. 이들에게는 말이 승용마가 아니라 물건을 실어 나르는 말이야. 전통적인 보부상은 짐을 진 채 걸어 다니는 보상(봇짐장수)과 부상(등짐장수)을 뜻하지만, 조선 후기에는 말에 짐을 싣고 전국을 돌아다니던 마행 상인(馬行商人)이 있었어.

이효석의 단편 『메밀꽃 필 무렵』에는 장돌뱅이들에게 말이 어떤 존재였는지 다음과 같이 명쾌하게 표현해 놓았어.

> 반평생을 같이 지내온 짐승이었다. 같은 주막에서 잠자고 같은 달빛에 젖으면서 장에서 장으로 걸어 다니는 동안에 이십 년의 세월이 사람과 짐승을 함께 늙게 하였다. 가스러진 목 뒤 털은 주인의 머리털과도 같이 바스러지고, 개진개진 젖은 눈은 주인의 눈과 같이 눈곱을 흘렸다. (중략) 냄새만 맡고도 주인을 분간하였다. 호소하는 목소리로 야단스럽게 울며 반겨한다.

# 호랑이 전문 사냥꾼, 착호갑사

옛날에 우리나라에는 호랑이가 많이 살았어. 호랑이는 백두산에서 전라도 목포까지 전국에 걸쳐 널리 퍼져 있었지.

조선 시대만 해도 호랑이가 인왕산·북한산에서 내려와 한양 거리를 어슬렁거렸다는 기록이 남아 있어. 태종 때는 호랑이가 경복궁으로 숨어 들어와 근정전 뜰을 돌아다녔어. 선조 때는 호랑이가 창덕궁에 나타나 사람을 문 적이 있었지. 그때 호랑이가 가정집의 개를 물어가는 일이 많았다고 해. 임진왜란 후에는 한양을 지키는 훈련도감의 포수를 동원하여 호랑이 발자국을 추적했어. 그러자 놀라운 일이 밝혀졌지. 창덕궁 안에 어미 호랑이가 여러 마리의 새끼를 낳아 버젓이 살고 있는 거야. 또한 구한말에는 호랑이가 서울 장안에 있는 러시아 공사관 근처에 나타나 사람들을 놀라게 했어.

1908년 11월에는 궁정동에 있는 영조의 어머니 숙빈 최 씨의 신위를 모신 사당 '육상궁'에 밤마다 큰 호랑이가 나타났어. 호랑이는 으르렁거리며 돌아다녀 궁 안에 있는 사람들은 공포에 떨었지.

조선 시대에는 사람을 해치거나 가축을 물어가는 등 호랑이에 대한 피해가 많았어. 『조선왕조실록』을 보면 호랑이가 나타났다는 기사가 937회 나오며, 호랑이에게 피해를 입은 사람이 모두 3,989명에 이르고 있어. 조선 초기인 태종 2년(1402년) 경상도에서만 호랑이에게 물려 죽은 사람이 반년 만에 거의 100명이었어. 숙종 때는 6, 7년 사이에 강원도에서만 300여 명이 호랑이에게 희생을 당했으며, 영조 때는 경기도에서만 한 달 동안 120여 명이 호랑이에게 물려 죽은 적도 있었어. 그러니 백성들은 호랑이가 무서워서 마음 편히 산속을 다닐 수가 없었지.

영조 46년(1770년) 경기도 양주 고을에서 새로 원이 부임하여 작성한 인수인계 문서인 '해유 문서'를 보면, 양 10마리 중에 5마리, 염소 88마리 중에 31마리, 돼지 156마리 중에 1마리가 호랑이에게 피해를 입었다고 기록되어 있어. 돼지는 우리에 넣어 길러 피해가 거의 없는 데 비해, 양과 염소는 놓아기르기 때문에 피해가 많았던 것이지.

호랑이가 들끓어 이렇게 피해가 끊이지 않자, 나라에서는 '착호갑사'라는 호랑이 전문 사냥꾼을 두기까지 했어. 이들은 호랑이만 잡는 군인으로서 무사들 가운데 무술이 뛰어나고 담력과 용기를 가진 사람들로 이루어졌어. 호랑이가 나타났다고 하면 곧바로 출동하여 호랑이 발자국을 추적해 호랑이를 사냥했지.

착호갑사는 세종 때 40명이었다가 성종 때는 440명으로 늘어났어. 호랑이의 피해가 전국 각지에서 일어나자 지방에서도 착호갑사를 뽑아 호랑이 사냥에 나섰지.

중앙의 착호갑사는 아무나 뽑지 않았어. 지원자들을 호랑이 사냥에 내보낸 후 누가 먼저 활을 쏘고 창을 찔렀는지 따져 성적 순으로 착호갑사를 뽑았단다. 지방에서는 절도사가 군인·향리·역리·노비 가운데 뽑았으며 지원자가 없으면 힘 좋고 덩치가 큰 사람을 뽑았지.

착호갑사가 되면 임금이 군사 훈련을 겸해 벌이는 사냥인 '강무' 때 반드시 동행했어. 어가 행렬의 앞과 가운데에 배치되어 왕을 호위했지.

조선 후기에 와서는 새 주둥이처럼 생겼다고 '조총'이라 불리는 화승총이 등장하여 한결 호랑이 사냥이 쉬워졌어. 하지만 화승총은 가까이에서 쏘아야 하고, 다시 쏘려면 시간이 걸려 호랑이를 한 방에 거꾸러뜨리지 못하면 호랑이에게 당할 수밖에 없었지.

일제 강점기에 일본 사람들은 맹수의 피해를 없앤다며 포수들을 시켜 대대적으로 호랑이 사냥에 나섰어. 1915~1942년까지 97마리의 호랑이를 잡았는데, 1921년 경주 대덕산에서 사냥한 호랑이가 남한에서의 마지막 호랑이라는구나.

> ## 우리나라는 옛날부터 '호랑이의 나라'로 불리었다고요?

호랑이는 동작이 몹시 빠르고 조심성이 많단다. 먹이가 되는 동물을 발견하면 소리를 내지 않고 다가가며, 등 뒤에서 잽싸게 덮치지.

호랑이는 먹이를 찾아 하루에 80~100킬로미터를 달리며, 300~400킬로미터를 다닐 만큼 행동반경이 대단히 넓은 편이야. 호랑이는 주로 멧돼지, 사슴, 노루 등 자신이 사냥한 신선한 야생 동물을 먹는데 배고프면 오래된 고기를 먹기도 해.

호랑이는 높은 산의 숲, 풀밭, 늪지대에 살며, 수명은 야생 호랑이가 15년, 사육 호랑이가 20년쯤 된단다.

호랑이는 수마트라호랑이, 인도호랑이, 아무르호랑이, 백두산호랑이, 말레이호랑이 등 여러 종류가 있는데, 우리나라에 서식하는 호랑이가 백두산호랑이야. 이 호랑이는 1921년 경주 대덕산에서 잡은 뒤 남한에서는 더 이상 발견되지 않았으며, 현재 북한의 백두산 일대와 중국 동북 지방에 50여 마리가 살고 있는 것으로 알려져 있어.

우리나라에서 호랑이에 대한 최초의 기록은 『삼국사기』에서 찾아볼 수 있어. '신라본기' 885년(헌강왕 11년) 2월에 "호랑이가 궁전 마당에 나타났다."고 했는데, 우리나라에서는 옛날부터 호랑이의 피해가 얼마나 컸는지 짐작하게 하지. 실제로 조선 시대만 하더라도 태종 때 경상도에서만 거의 백 명이 호랑이에게 물려 죽었다고 해. 이때 조정에서는 호랑이를 잡는 사람에게 비단 20필을 상으로 내렸다는구나.

우리나라에 이처럼 호랑이가 많이 살았던 것은 전 국토의 70퍼센트가 산으로 이루어져 있기 때문이야. 그래서 우리나라는 옛날부터 '호랑이의 나라'라고 불리었다고 해.

호랑이는 남한에서 멸종되어 버렸지만, 88 서울 올림픽 때에는 마스코트로 지정되어 호랑이가 우리나라를 대표하는 동물임을 전 세계에 알리기도 했지.

## 30 조선 시대에는 송충이를 잡기 위해 백성들을 동원했다?

조선 시대에는 궁궐을 비롯하여 관아 건물·가옥 등의 건축물들을 대부분 소나무로 지었어. 소나무가 가장 흔해 쉽게 구할 수 있고 송진 성분이 있어 습기에 강했기 때문이야. 우리나라 기후 조건이 습기가 많으니 건축 재료로 소나무만 한 나무가 없었지.

게다가 소나무는 곧게 크고 뒤틀림이 적으며, 마르면 가볍고 끌과 톱 작업이 쉬웠어. 따라서 기둥·서까래·대들보·창틀·문짝 등의 건축재는 물론, 상자·옷장·뒤주·찬장·책장·도마·다듬이·빨랫방망이·병풍틀·말·되·벼룻집 등의 가구재, 소반·주걱·목기·제상·떡판 등의 식생활 도구, 지게·절구·절굿공이·쟁기·가래·멍에 등의 농기구재, 관재, 배 만드는 재료 등에 이르기까지 다양하게 쓰였단다.

소나무가 이처럼 쓸모가 많은 나무이다 보니 나라에서는 소나무를 가꾸고 보호하는 일에 온 힘을 쏟았어. 그리하여 조선 시대에는 산에 소나무가 많이 있었지.

소나무를 가꾸고 보호하려면 우선 송충이를 잡아 없애야 해. 송충이는 소나무 잎을 갉아먹어 소나무를 말라 죽게 하거든. 나라에서는 소나무의 피해를 막기 위해 송충이 잡는 일에 발 벗고 나섰단다.

『조선왕조실록』에는 송충이로 인한 피해와 송충이 잡이에 대한 내용이 많이 실려 있어.

태종 3년(1403년) 4월 21일, 태종은 개성 송악산에서 송충이가 극성을 부리자 송충이를 잡으라는 명을 내렸어. 승추부·순위부, 유후사의 5부, 군기감의 기술자 및 백관이 직급에 따라 사람을 내놓았는데, 송충이 잡이에 동원한 사람이 모두 만여 명에 이르렀어. 총제와 상·대호군이 이들을 나누어 거느리고 송충이 잡이에 나서, 한 사람당 석 되쯤의 송충이를 잡아 땅에 묻었단다.

이때 송충이가 산에 가득하다는 보고를 듣고 태종이 근심스러운 얼굴로 신하들에게 물었지.

"송충이는 어느 시대부터 있었는지 아시오?"

좌부대언 김한로가 대답했어.

"전 왕조(고려) 원종 때 300명을 동원하여 송충이를 잡아 강

물에 던진 적이 있습니다."

"송충이의 재앙이 천지간의 기운 때문에 생기지만, 사람의 힘으로 충분히 막을 수 있소. 그대들은 어째서 이런 생각을 하지 않는 거요? 송충이가 잎을 갉아먹으면 소나무는 틀림없이 말라 죽을 것이오."

며칠 뒤 태종이 조영무라는 신하를 불러 물었어.

"송충이 잡이는 어찌 되었는가?"

"예, 거의 다 잡았습니다. 다만 송악산의 골짜기 중에 몇 군데 잡지 못한 곳이 있습니다."

"벌레를 잡는 것은 승추부의 책임이다. 그런데 내가 송충이를 잡으라고 지시하지 않았으면 어찌 되었겠는가?"

"송구스럽습니다. 제가 생각이 모자라서 송충이 잡이에 나설 사람들을 어디서 동원할지 몰랐습니다."

그 후로도 송충이 잡이는 계속되었어. 태종 4년(1404년) 3월에도 송악산에서 유후사의 5부와 백관의 각 품관을 동원하여 송충이를 잡았으며, 개성 용수산에서는 마을 사람들을 동원하여 송충이를 잡았어. 이듬해에는 한양의 백악산·인왕산 등에서 송충이로 인한 피해가 늘어나자, 유후사의 5부를 동원하여 송충이를 잡았단다.

태종 이후에도 송충이로 인한 피해는 계속되었는데, 그 피해가 가장 컸던 것은 숙종 때였어. 숙종 11년(1685년) 한양 근처에 조성된 왕릉과 개인 묘지에 있는 소나무들의 잎과 껍질을 송충이들이 갉아먹어 대부분 말라 죽어 버렸지.

나라에서는 이를 가볍게 생각하지 않았어. 군주의 덕이 부족해서 일어난 재해로 여긴 거야. 그래서 삼각산·백악산·목멱산·송악산 등에서 송충이의 재앙을 물리치게 해 달라는 제사를 지냈지. 물론 많은 백성들을 동원하여 송충이를 잡으면서 말이야.

## 정조는 왜 송충이를 입에 넣고 삼켰나요?

정조는 아버지 사도세자의 묘를 수원 화성으로 옮기고 현륭원이라 했어. 어느 날 그곳에서 나무를 가꾸는 관리인 식수관을 불러 말했지.

"소나무 500그루를 사서 길가에 심도록 하라."

식수관은 정조에게 1,000냥을 받아 소나무 500그루를 사서 심었어. 이리하여 지지대 고개에서 현륭원에 이르는 길에 소나무 숲이 들어서게 되었단다.

하지만 정조는 현륭원에 올 때마다 마음이 편치 않았어. 이곳에 소나무 숲이 생기자 백성들이 소나무를 베어 땔감으로 쓰기 때문이었어.

관리들이 아무리 감시를 해도 한밤중에 몰래 소나무를 베어 가는 것을 막을 길이 없었지. 정조는 생각다 못해 관리들을 불러 말했어.

"소나무마다 엽전을 매달아 놓아라."

"예? 그게 무슨 말씀입니까?"

관리들이 영문을 몰라 어리둥절한 표정을 지었어.

"꼭 나무를 베어 가야 할 형편이라면 엽전으로 땔감을 사라는 뜻이다. 그러니 제발 나무를 베지 말라고 백성들에게 사정하거라."

정조의 간절한 호소는 백성들의 마음을 움직였어. 그 뒤로는 소나무를 베어 가는 사람이 더 이상 나오지 않았대.

그런데 얼마 지나지 않아 또 다른 걱정거리가 생겼어. 소나무 숲에 송충이가 늘어나 솔잎을 마구 갉아먹는 거였어. 마을 사람들에게 송충이를 잡아오면 한 사발에 엽전 7푼씩을 준다고 해도 송충이는 줄어들지 않았어.

어느 날 현륭원에 온 정조는 송충이 때문에 피해를 입은 소나무들을 보자 마음이 몹시 아팠어. 그래서 송충이 몇 마리를 잡아오게 하여 손바닥에 올려놓고 눈물을 흘리며 말했어.

"송충이야, 어째서 아버지의 몸이나 다름없는 현륭원의 소나무 솔잎을 갉아먹느냐? 차라리 내 오장을 갉아먹어라."

그러고 나서 송충이를 입에 넣어 꿀꺽 삼켰어. 그 순간, 그곳에서 신비한 일이 벌어졌어. 정조의 효성에 감동한 까치와 까마귀 수만 마리가 날아와 송충이를 모조리 잡아먹는 거였어.

이 일이 알려지자 백성들은 정조야말로 하늘이 낳은 효자라며 그의 효성을 칭송했다고 해.

## 31 사냥을 너무 즐겨 신하들에게 간언을 들은 태종

우리나라 왕들 가운데 활 솜씨가 가장 뛰어난 사람은 조선을 세운 태조 이성계였어. 어느 더운 여름날, 그는 냇가에서 몸을 씻고 숲속에 앉아 있었어. 그때 담비 한 마리가 튀어나왔지. 이성계는 얼른 화살을 뽑아 담비를 쏘아 맞혔어. 그 뒤에도 잇달아 담비들이 튀어나왔어. 이성계는 화살 스무 발을 쏘아 담비들을 사냥했어. 단 한 마리도 놓치지 않아 그 신묘한 활 솜씨에 사람들이 혀를 내둘렀다는구나.

이성계는 화살 한 방으로 호랑이를 잡은 적도 있었어. 어느 산속에 커다란 호랑이가 있다는 말을 듣고 활과 화살을 챙겨 든 채 말을 타고 산마루로 올라갔지. 사람들이 몰이꾼이 되어 아래에서 위로 호랑이를 몰았는데, 잠시 뒤 호랑이가 뒤에서 나타났어. 호랑이는 몸을 날려 말 엉덩이에 올라탔고, 그 순간 이성계는 오른 주먹을 들어 호랑이를 한 대 쳤어. 호랑이는 바닥으로 벌렁 나자빠졌지. 그때 이성계는 재빨리 말을 돌려 활을 쏘아 호랑이를 죽였단다.

조선 제3대 왕 태종도 아버지 태조 이성계를 닮아 사냥을 매우 좋아했어. 게다가 무인 출신이어서 말을 타고 자주 사냥을 나갔지.

태종이 처음에 즐겼던 사냥은 매를 날려 꿩이나 토끼 등을 잡는 매사냥이었어. 매를 가진 사람들이 매를 날리면 태종은 말을 달려 매의 뒤를 쫓아갔지. 그는 매사냥을 주로 하다가 직접 활을 쏘아 노루·사슴 등을 잡았어.

사간원에서는 이런 태종이 못마땅해 사냥을 중단하라는 상소를 올렸어. 그러나 태종은 간언을 듣지 않고 몰래 야외로 나가 사냥을 즐겼지. 사간원에서는 마침내 이런 내용의 상소를 태종에게 올렸단다.

> 요즘 전하께서는 몰래 밖으로 행차하시는 일이 잦습니다. 지난번에도 야외로 나가 사냥을 즐기다 돌아오셨습니다. 옛날 왕들은 봄에는 씨 뿌리는 것을 살피고 가을에는 추수하는 것을 살피는 등 백성들의 일을 돌보느

라 바빴습니다. 요즘 전하께서 밖으로 행차하시는 것은 백성들의 일을 돌보기 위해서입니까? 아니면 사냥을 위해서입니까? 엎드려 청하오니 제발 궁궐 안에 계시면서 나라 일을 돌보십시오.

그러나 태종은 오히려 짜증을 내었다고 해. 사냥 같은 대수롭지 않은 일로 상소를 올렸다고 말이야.

조선 초기에는 왕들이 '강무'를 한다는 명목으로 사냥을 나갔어. '강무'는 농한기를 이용하여 왕이 직접 시행하는 사냥이야. 종묘와 사직의 제사 때 올릴 희생(제물)을 마련하기 위해 시행되었지. 그러나 강무를 하는 본래 목적은 사냥을 빌미삼아 대규모 군

사 훈련을 하는 데 있었어. 기병·보병·몰이꾼 등으로 이루어진 1만여 명의 사람들이 각각 대오를 지어 지휘관의 신호를 받으며 일사분란하게 움직여 짐승을 사냥했거든. 그런 과정을 통해 집단적인 군사 훈련이 자연스럽게 이루어졌지.

강무에서는 여러 동물이 잡혔지만, 백성들에게 피해를 주는 호랑이를 잡기도 했어. 세조 2년(1456년) 5월 경기도와 강원도 사이에 있는 삭녕에서 열린 강무에서는 호랑이 3마리, 사슴 1마리, 노루 2마리를 사냥했고, 세조 6년(1460년) 주엽산에서 열린 강무에서는 호랑이 1마리, 사슴 3마리, 노루 2마리, 멧돼지 5마리, 여우 4마리를 잡았단다.

강무는 수만 명을 동원하는 큰 행사이기 때문에 비용이 엄청나게 많이 들어갔어. 국가 재정이 어려워진 16세기 이후에는 강무를 거의 시행하지 않았단다.

어쨌든 왕들에게는 사냥이 활력소이자 해방구가 되었어. 왕들은 이른 새벽부터 늦은 밤까지 궁궐 안에 갇혀 나라 일을 돌보아야 했으니 얼마나 스트레스를 많이 받았겠니. 야외로 나가 사냥을 하며 이런 스트레스를 풀고 싶었겠지. 고려 말에 격구라는 놀이가 우리나라에 들어와 조선의 왕들은 격구를 자주 즐겼다고 하는구나.

> ## 우리나라에서 야생 동물을 잡는 사냥이 성행했던 이유는 무엇인가요?

우리나라는 전 국토의 70퍼센트 이상이 산으로 이루어져 있어. 산에는 옛날부터 야생 동물이 많이 살아, 야생 동물을 추적해서 잡는 사냥이 성행했지.

고구려 무용총 벽화인 〈수렵도〉를 보면 왕이 신하들과 사냥을 즐겼다는 걸 알 수 있지. 이미 삼국 시대부터 사냥이 널리 행해졌던 거야.

당시에 사냥은 왕족이나 귀족에게는 취미로 하는 오락이거나 심신을 단련하는 수단이라 할 수 있어. 그러나 대부분의 사람들에게는 사냥이 먹고살기 위한 생활 수단이었어. 삼국 시대는 물론 고려·조선 시대에 이르러서도 사냥을 업으로 삼은 사냥꾼이 많이 있었어.

1920년대 초 서양에서 총기가 수입되기 전에는, 우리나라에서 사냥 도구에 따라 활·창 사냥, 함정 사냥, 덫사냥, 그물사냥, 개·매사냥, 섶사냥, 피리 사냥 등이 있었어.

활·창 사냥은 활이나 창을 이용해 짐승을 잡는 방법이야. 창은 겨울철에 멧돼지·곰 등을 사냥할 때 주로 사용했어. 몰이꾼을 시켜 짐승을 몰게 해 창으로 찌르거나 달아나는 짐승을 발자국으로 추적해 창을 던져 잡는 것이지. 굴속에 있는 짐승을 끌어내 창으로 찔러 잡기도 했어.

함정 사냥은 짐승이 다니는 길목에 함정을 파서 짐승을 잡는 방법이야. 함정 위에는 풀을 덮고 가랑잎을 뿌려 놓았으며, 그 속은 밑으로 내려갈수록 넓게 파 놓았어. 함정에 빠진 짐승은 나올 수가 없었지.

덫사냥은 덫을 놓아 짐승을 잡는 방법이야. 짐승이 잘 다니는 길목 여기저기에 덫을 설치해 두고, 며칠에 한 번씩 들러 짐승이 잡혔는지 확인했지. 족제비·토끼 같은 동물의 가죽을 얻는 수단으로 널리 쓰였어.

그물사냥은 그물을 쳐서 새나 짐승을 잡는 방법이야. 늘 같은 길로만 다니는 토끼를 잡을 때 흔히 쓰이는데, 어김없이 걸려들었지.

개·매사냥은 개와 매를 이용하여 짐승을 잡는 방법이야. 풍산개·진돗개 등이 사냥 능력이 뛰어나 토끼·너구리·오소리·노루 등을 잘 잡았어. 길들인 매로는 꿩이나 토끼를 주로 잡았지.

섶사냥은 섶(땔나무)을 태운 연기를 굴속에 스며들게 해 짐승을 잡는 방법이야. 굴속에 연기가 가득해 짐승이 뛰쳐나오면 몽둥이로 때려잡았지. 너구리·오소리·족제비 등을 잡는 데 쓰였어.

피리 사냥은 피리를 불어 노루를 유인해 잡는 방법이야. 피리 소리는 새끼 노루 울음소리를 닮아 이 소리를 듣고 노루들이 모여들었어. 그러면 숨어 있던 사냥꾼이 활을 쏘아 노루를 잡았지.

국토 개발과 산림의 황폐로 야생 동물이 많이 줄었는데, 국가에서는 1967년 '조수 보호 및 수렵에 관한 법률'을 제정하여 야생 동물들을 보호하고 있어. 매년 10월부터 다음 해 3월까지 전 지역에서 사냥을 금하고 있으며, 사냥 허가 기간에도 일부 허가받은 지역에서만 사냥을 할 수 있단다.

## 32

# 사람을 죽여
# 귀양을 간 코끼리

지금 우리나라에서는 동물원에 가야만 코끼리를 볼 수 있지? 그런데 조선 시대에 코끼리를 기른 적이 있었단다. 태종 11년(1411년) 2월 22일 일본에서 온 사신이 태종에게 코끼리 한 마리를 바쳤거든.

"일본 국왕이 내게 코끼리를 보내 주다니, 일본으로 돌아가면 고맙게 잘 받았다고 전해 주시오."

태종은 코끼리를 사복시에서 맡아 기르도록 했어. 사복시는 궁궐의 말과 소, 수레 등을 관리하는 관청이었지. 그러나 코끼리는 우리나라에서 살지 않는 낯선 동물이어서 어떻게 길러야 하는지 아무도 몰랐어. 그저 하루에 콩을 4~5말씩 먹이며 정성을 다해 돌보았지.

그러던 어느 날이었어. 사복시에 코끼리가 있다는 소문을 듣고 공조전서를 지냈던 이우가 찾아왔어. 이우는 코끼리에게 다가가 놀리듯이 말했어.

"네놈이 왜국에서 왔다는 코끼리로구나. 그 녀석 참 추하게 생겼네. 에이, 재수 없어. 퉤!"

이우는 코끼리를 비웃더니 코끼리를 향해 침을 뱉었어. 그러자 화가 난 코끼리가 이우를 쓰러뜨리고는 그 큰 발로 밟아 버렸어. 결국 이우는 숨을 거두고 말았지.

그 사건으로 태종 13년(1413년) 11월 5일 조정에서 회의가 열렸어. 코끼리가 사람을 죽인 일로 '코끼리 재판'이 열린 거야. 병조판서 유정현이 엄숙한 목소리로 말했어.

"일본에서 바친 코끼리는 전하께서 아끼시는 동물도 아니고, 나라에 이익도 없습니다. 코끼리가 사람을 죽이기까지 했는데, 법대로 처리한다면 그 죄를 물어 코끼리를 죽여야 합니다. 하지만 일본에서 바친 코끼리이니 죽일 수는 없고, 전라도의 외딴섬으로 보냈으면 합니다. 사복시에서도 일 년에 먹이는 콩이 거의 수백 석에 이르러 기르기 힘들다고 합니다."

태종은 유정현의 말에 따라 코끼리를 순천의 장도라는 섬으로 귀양을 보냈어.

그러나 코끼리는 먹을 게 물과 풀밖에 없는 그곳 생활이 너무

힘들었나 봐. 날이 갈수록 야위어 가더니, 사람만 보면 눈물을 뚝뚝 흘렸다고 해.

태종은 이듬해 5월 3일 전라도 관찰사에게 이 같은 보고를 받자 코끼리가 너무 불쌍했어. 그래서 코끼리를 육지로 보내 기르라고 명했지.

전라도 관찰사는 네 고을의 수령에게 돌아가며 코끼리를 기르도록 했어. 하지만 6년 동안 그 일을 하다 보니 백성들이 여간 고생스럽지 않았나 봐. 세종 2년(1420년) 12월 28일 전라도 관찰사가 상왕인 태종에게 다음과 같은 보고를 올렸지.

"충청도와 경상도까지 돌아가며 코끼리를 기르도록 해 주십시오."라고 말이야.

태종이 그 청을 받아들여 코끼리는 충청도 공주로 보내졌어. 하지만 세종 3년 3월 코끼리가 또 사고를 치고 말았어. 자기를 돌보는 노비를 발로 차 죽인 거야. 충청도 관찰사는 이 같은 사실을 알리며 이렇게 건의했어.

"코끼리는 애물단지입니다. 이 짐승을 길러 나라에 이익이 없습니다. 먹성은 또 얼마나 좋은지 다른 짐승보다 먹이가 열 갑절이나 더 듭니다. 하루에 쌀 두 말, 콩 한 말을 먹으니, 일 년에 먹어 치우는 것이 쌀 48섬에 콩 24섬입니다. 뿐만 아니라 성질이 사나워서 성이 나면 사람을 해치니 코끼리를 섬에 있는 목장으로 보내십시오."

세종은 충청도 관찰사의 보고를 받고 이렇게 지시했어.

"물과 풀이 좋은 섬을 골라 코끼리를 그곳으로 보내라. 코끼리를 병들어 죽게 해서는 안 된다."

그래서 코끼리는 또다시 귀양을 갔는데, 그 뒤에 어떻게 되었는지는 기록이 없어 알 수가 없단다. 코끼리 한 마리 때문에 온 나라가 야단법석을 떨었으니 코끼리를 키우는 게 얼마나 힘든지 알겠지?

> **코끼리는 순한 동물로 알려져 있는데 어떻게 사람을 죽일 수 있었죠?**

동물원 수의사에 따르면, 모든 동물 가운데 코끼리 사육이 가장 힘들대. 코끼리는 거대한 몸집만큼 접근하기 어려운 동물이어서 동물원에서는 다 자란 큰 코끼리는 들이지 않고 4살 아래의 어린 코끼리를 들인다는구나. 사육사 한 사람이 코끼리를 어려서부터 길들이고 훈련시키는데, 코끼리가 죽을 때까지 평생을 같이 지낸다는 거야.

조선 땅을 처음 밟은 코끼리는 아마 수컷 코끼리가 아닌가 싶어. 동물 가운데 가장 다루기 힘들고 위험한 동물이 발정기에 있는 수컷 코끼리래. 코끼리는 다른 동물들과 달리 암컷보다 수컷이 발정을 일으킨대. 그런데 이때는 순한 코끼리도 어찌나 사나워지는지 함부로 접근했다가는 큰일을 당한다는 거야. 아마도 귀양을 간 코끼리는 수컷 코끼리여서 사람들이 발정기 때 멋모르고 접근했다가 공격을 받은 것 같구나.

박지원의 『열하일기』 '산장잡기' 편에는 '코끼리 이야기(象記)'가 실려 있는데, 코끼리가 코를 휘둘러 사나운 호랑이 두 마리를 가볍게 해치우는 이야기가 나온단다. 코끼리는 모든 동물 가운데 가장 크니 한번 힘을 쓰면 당할 동물이 없지. 그래서 아프리카 밀림에서는 동물의 왕 사자조차 코끼리를 보면 슬금슬금 달아난다는 거야.

# 33

# 옛날 선비들은
# 왜 소를 타고 다녔을까?

"소를 타는 것은 더디고자 함이다."

맹사성의 스승인 학자 권근은 이렇게 말하며 소를 타는 것을 최고의 풍류로 꼽았다고 해.

옛날에 선비들이 소를 타는 것은 교통수단으로 이용하기보다 풍류적인 멋 때문이었지. 말에 비해 매우 느리지만 그 느릿느릿한 맛에 소를 타는 재미가 있다는 거야.

조선 단종 때 교하 현감 이계기는 청렴결백하고 백성들을 잘 다스려 임금에게 상을 받았어. 그런데 그는 벼슬에서 물러난 뒤 늘 술병을 찬 소를 타고 산을 오르락내리락했지.

또한 진사 이별도 언제나 소를 타고, 소에 술을 싣고 다녔어. 술을 마시며 낚시질을 하고 시를 읊었는데 날이 저물어도 집에 돌아갈 생각을 하지 않았어.

고려 말의 유학자 이행도 소를 타고 다니는 것을 즐겼어. 그는 소를 타는 재미에 푹 빠져 자신의 호를 '기우자(騎牛子)', 즉 '소를 타는 사람'이라고 지었단다.

옛날에 선비들은 소를 탈 때 소의 등에 길마를 얹기보다 맨 등에 올라타는 것을 좋아했어. 소의 등줄기 엉덩이 위에 앉는 것이 가장 편안한 자리라고 하면서 말이야.

조선 초의 명재상 맹사성도 늘 소를 타고 다녔어. 그 소는 검은 소였지.

어느 봄날 그는 뒷산에 올랐다가 아이들에게 괴롭힘을 당하는 검은 소를 보았어. 아이들은 소의 눈을 찌르고, 소의 꼬리를 잡아당겼어. 그래도 소는 눈만 껌벅거리며 가만히 있었지.

맹사성은 보다 못해 호통을 쳤어.

"이놈들! 말 못 하는 짐승을 괴롭혀서야 되겠느냐?"

아이들이 달아났고 맹사성이 가까이 가 보니 소는 몹시 지쳐 있었어.

"집이 어디니? 우선 우리 집에 가서 기운을 차리자꾸나."

맹사성은 소를 집에 데려와 쇠죽을 쑤어 먹이고 정성껏 돌봐 주었어. 그러고는 주인을 찾아 주려고 나섰지.

"주인 잃은 소가 있으니 찾아가시오."

동네방네 소문을 냈지만 주인은 끝내 나타나지 않았어. 결국 검은 소는 맹사성의 것이 되었어. 그는 소를 자식처럼 아끼며 평생을 타고 다녔지.

한번은 아버지를 뵈러 온양을 가게 되었어. 맹사성은 평소처럼 소를 타고 온양을 향해 출발했어.

소식을 들은 경기도 양성과 진위 현감은 장호원 부근에서 정승의 행차를 기다렸어. 정승에게 잘 보이면 승진의 기회를 잡을 수 있지 않나 싶어서였지.

하지만 아무리 기다려도 정승의 행차는 없었어. 다만 중간에 한 노인이 검은 소를 타고 오는 것이었어. 두 현감은 화가 나서 아전을 불렀지.

"웬 늙은이가 여기 와서 얼쩡거리느냐? 당장 쫓아 버려라!"

아전이 맹사성에게 달려갔어.

"곧 정승의 행차가 있을 텐데 이 길을 지나가면 어떡해요? 썩 물러가시오!"

아전이 꾸짖자 맹사성이 말했어.

"현감께 가서 이르시오. 내 소 타고 내 마음대로 가는데 무슨 상관이냐고……. 온양의 맹고불(孟古佛)이 전하는 말이오."

고불은 맹사성의 호였어. 아전이 쪼르르 달려가 맹사성의 말을 그대로 전했어.

"뭐, 뭐? 맹고불이라고?"

연못가 평상에 있던 두 현감은 기절할 듯이 놀랐어. 고불이 맹사성의 호인 것을 알고 당황하여 달아나다가 그만, 허리띠에 차고 있던 관인(官印)을 연못에 빠뜨렸어. 이때부터 이 연못을 '인침연(印沈淵)'이라 부르게 되었단다.

> ## 우리 민족은 언제부터 소를 가축으로 길렀을까요?

소는 고기와 우유를 얻거나 노동력을 얻으려고 기르는 가축인데, 쓰임에 따라 고기소, 젖소, 일소 등으로 나누지. 하지만 경우에 따라 겸용이 되기도 한단다.

인류가 소를 기르기 시작한 것은 기원전 4500년쯤으로 추정해. 이라크의 모술 근처에서 가축화된 소의 뼈가 발견되었거든. 우리나라는 그보다 한참 뒤인 기원전 4세기쯤부터 소를 가축으로 길렀을 것으로 추정한단다.

『삼국지』 '위지 동이전' 부여조에는 이런 대목이 있어.

> "전쟁이 있을 때 소를 잡아 하늘에 제사를 지내고, 그 발굽을 보아 길흉을 점친다."

'발굽이 갈라지면 흉하고 발굽이 붙으면 길하다.'라고 생각했다는 거야. 소를 잡아 제사를 지내는 풍습은 조선 시대에까지 내려오는데, '선농단' 행사 때 소를 제물로 바쳤어. 선농단은 농사의 신인 신농씨에게 풍년을 빌며 해마다 임금이 제사를 지내던 곳을 뜻해. 이때 제물로 바쳐진 소는 탕으로 만들어져 모든 사람이 나눠 먹었는데, 이것이 지금의 '설렁탕'이라고 해.

소가 농사에 이용되었다는 것은 신라 지증왕 3년(502년) "소로 논밭을 갈기 시작했다."는 『삼국사기』의 기록에서 찾아볼 수 있어.

우리 민족은 이처럼 오랜 옛날부터 농사에 소를 이용해 왔는데, 소에 대한 애정은 아주 각별했어. 당시에는 한 핏줄의 가족인 '식구(食口)'와 구별하여 한 집에서 사는 종을 '생구(生口)'라고 불렀는데, 사람들은 소를 '생구'로 여겨 정성을 다해 보살펴 주었어. 외양간을 부엌 옆에 두고, 쇠죽가마와 밥 짓는 가마를 나란히 걸어 놓는 등 소를 사람처럼 대접했다는구나.

## 34

# 죽은 매를
# 명나라 황제에게 바치다

　　조선 초에 명나라는 조공을 바치라며 조선을 몹시 괴롭혔어. 명나라가 요구하는 것은 처녀와 말과 매였어. 명나라 황제의 후궁으로 들어갈 처녀를 왕과 왕비가 경회루에서 직접 뽑았으며, 중국에 보낼 말들을 전국의 목장에서 선발했어. 그리고 명나라에 바칠 매를 잡기 위해 장수들을 평안도·함길도 지방에 보냈지. 하지만 장수들은 매를 한 마리도 잡지 못했단다.

　　세종은 속이 탔어. 명나라가 요구하는 매를 충분히 마련해야 하는데 매를 전혀 잡지 못했으니 말이야. 세종은 생각다 못해 도화원에 이런 명령을 내렸어.

　　"매의 생김새를 종류별로 자세히 그리도록 하라."

　　세종은 도화원 화가들이 그린 매 그림을 전국에 배포했어. 백성들이 모두 나서서 매를 잡아 바치라는 것이었지.

 매를 잡는 사람들에게는 두둑한 상이 마련되었어. 벼슬이 없는 사람에게는 8품 벼슬을 주고, 벼슬이 있는 사람에게는 한 등급씩 올려 주기로 한 거야. 벼슬에 오를 수 없는 천민들에게는 쌀 50석과 무명 50필을 주기로 했어.

 세종은 매를 잡기 위해 '응방'이라는 관청을 두었어. 응방에 속한 응사들은 명나라에 바칠 매를 잡기 위해 전국 곳곳을 돌아다녔지.

 세종 10년(1428년) 10월 2일, 응사 20여 명이 말을 타고 궁궐을 향해 달려가고 있었어. 이들은 매 한 마리를 잡아 돌아오는 길이었지.

 응사 일행은 운종가에서 사헌부 지평 문승조와 마주쳤어. 사헌부 지평이라면 정5품의 높은 벼슬이니 길가에 엎드려 예의를 차려야 했지. 그러나 응사 일행은 말에서 내리지 않았어. 화가 난 문승조는 잡직인 주제에 조정의 대관을 못 본 체 지나치는 응사들에게 호통을 치고 말에서 끌어내렸단다. 이 소식을 들은 세종은 문승조를 불러 꾸짖었어.

 "그 잘난 벼슬에 있다고 응사들을 말에서 끌어내려 매를 놀라게 해? 용서할 수 없다! 당장 집으로 돌아가라!"

 세종은 매를 놀라게 한 죄로 그 자리에서 문승조를 벼슬자리

에서 쫓아낸 거야.

　힘들게 매를 잡아 한데 모으면 조선에 온 명나라 사신에게 주거나, 조선 사신이 명나라로 가져갔어.

　세종 9년(1427년) 11월, 상호군 이사검이 중국에 매를 바치는 사절인 '진응사'로 명나라에 갔을 때 이런 일이 있었어. 매가 긴 여행을 견디다 못해 스트레스를 받아 죽어 버린 것이지.

　이사검은 죽은 매를 가지고 명나라 황제에게 갔어. 그는 죽은 매를 황제에게 바치며 눈물로 아뢰었어.

　"우리 전하께서 지극한 정성으로 매를 잡아 황제 폐하께 바치라 하셨으나, 오는 길에 병들어 죽고 말았습니다. 모두 다 제 잘못입니다. 저를 용서해 주십시오."

　이사검은 황제 앞에서 용서를 구하며 눈물을 펑펑 흘렸어.

　황제는 그 모습이 딱해 보였는지 이사검을 달랬어.

　"매가 죽었으니 하는 수 없지 않느냐. 그만 울어라. 네 허물이 아니다. 조선에 너 같은 충신이 있었다니……."

　황제는 이사검을 위로하며 장군모를 선물로 주었다는구나.

> ## '시치미를 뗀다', '꿩 대신 닭'은 매사냥에서 나온 말이라고요?

매 꼬리에는 '시치미'라고 하여 주인의 주소와 이름이 적힌 얇은 뼈와 함께 방울이 달려 있어. 매사냥을 할 때 매를 부리는 사람인 수알치와 잔솔밭에 숨어 있는 꿩을 모는 사람인 털이꾼들은 방울 소리를 듣고 매가 날아간 방향으로 몰려가지. 그러고는 꿩을 덮친 매를 찾아내 미리 준비한 닭고기를 먹이고 꿩을 가로챈단다. 하지만 그다음에는 닭고기를 먹지 못하게 하고 매를 오른손에 낀 토시 위에 올려놓아. 매는 배가 부르면 사냥을 하지 않거나 달아나 버리기 때문이야.

매사냥은 늦여름부터 겨울까지 하고, 하루에 보통 15마리의 꿩을 잡는다고 해. 사냥을 잘하는 매는 일제 강점기에 황소 한 마리 값에 사고팔아서 길들인 매를 도둑맞기도 했는데, 매를 훔쳐간 사람은 매 꼬리에 달린 시치미를 떼어 자기 것으로 삼았지. 여기에서 '시치미를 뗀다'라는 말이 생겨났어. 알고도 모른 척하거나, 하고도 안 한 체하는 행동에 쓰이는 말이지. '꿩 대신 닭'이라는 말도 매사냥에서 나왔어. 꿩은 매에게 쫓기면 민가로 달아나 울타리 근처에 숨어 버려. 그때 매는 마당에 있는 닭이 꿩과 비슷해 꿩 대신 닭을 낚아채 가는 거야. 그래서 매가 꿩을 놓치고 닭을 대신 잡았다고, 꼭 필요한 것이 없을 때 그와 비슷한 것으로 대신하는 경우를 이르는 말이 되었지.

## 35

# 세종의 명령으로 이루어진
# 약수 특급 수송 작전

　　조선 제4대 세종은 공부벌레로 유명한 임금이었어. 어려서부터 책을 좋아하여 임금이 된 뒤에도 책을 손에서 놓지 않았지. 식사를 할 때도 밥상 옆에 책을 펼쳐 놓고 읽을 정도였어.

　　이렇게 책을 좋아했던 세종은 35세 때부터 눈병을 앓기 시작했어. 42세 때부터는 눈병이 심해져 시력이 급격히 나빠졌으며, 나중에는 옆에 앉은 사람도 알아보지 못할 지경에 이르렀어.

　　『조선왕조실록』에서 사관은 "임금이 모든 일에 부지런하고 밤낮으로 책을 놓지 않고 즐겨하여 안질(눈병)을 얻게 되었다."고 기록했어. 세종은 그 고통이 얼마나 심한지 즉위 24년이 되던 해(1442년)에는 대신들에게 정사를 세자에게 맡기고 싶다는 말까지 했단다.

세종 26년(1444년)부터 세종은 눈병에 좋다는 물을 수소문했어. 그러다가 청주에서 초수라는 약수가 발견되었다는 소식을 들었지. 초수는 톡 쏘는 맛이 나는 물인데 눈병에 효험이 있다고 했어.

초수가 발견된 곳은 충청도 전의현인데, 서울에서 250리나 떨어져 있었어. 세종은 눈병을 치료하려고 전의현으로 내려갔어. 그곳에 마련한 행궁에 머물며 초수로 효험을 보았지.

하지만 대궐을 비워 둔 채 언제까지 그곳에 머무를 수 없었어. 세종은 할 수 없이 서울로 올라왔단다.

그리고 눈병 치료를 계속 받으려면 초수가 필요했으니, 전의현에서 초수를 가져오기로 했는데 얼마나 빨리 실어 오느냐가 관

건이었어. 초수는 시간이 지나면 톡 쏘는 맛이 변해 약효가 사라질 수도 있었기 때문이야.

"전의현에서 서울까지는 사흘 걸리는 거리인데 하룻밤 사이에 초수를 실어 보내야 한다. 각 역에서는 잘 달리는 말 두 필씩을 준비해 두어라. 전의현에서 저녁 무렵 초수 항아리를 실은 말이 출발하면, 각 역에서는 역졸들이 교대로 말을 달려 다음 날 아침까지 궁궐에 도착해야 한다."

세종은 충청도 관찰사와 경기도 여러 역을 총괄하는 찰방들에게 이런 명령을 내렸어. 전의현에서 서울에 이르는 각 역에는 비상이 걸렸지. 왕명에 따라 잘 달리는 말 두 필씩을 준비해 두고 역졸들이 교대로 말을 달리는 '약수 특급 수송 작전'을 펼치게 된 거야.

초수는 전의현에서 저녁 무렵에 올려 보냈어. 그러면 각 역의 역졸들이 교대로 밤 사이에 전속력으로 말을 달렸지. 그래서 다음 날 아침이면 서울에 도착해 초수 항아리를 궁궐 마당에 내려놓았어.

역졸들의 수고 덕분에 눈병이 조금 나아졌지만, 즉위 초부터 여러 병에 시달리던 세종이었어. 결국 병석에 몸져누워 1450년(세종 32년) 세상을 뜨고 말았단다.

# 역에 갖추어 둔 역마는 어떤 말이에요?

역마는 역에 두고 교통 운송용으로 사용했던 말이야. 역말이라고도 하지. 역마는 옛날에 중요한 교통·통신 수단이었어. 나라의 중요한 문서를 전하거나 사신·수령을 맞이하고 보내는 일, 물자의 운반 등에 요긴하게 쓰였어. 우리나라에서는 삼국 시대부터 역참이 설치되어 운영되었음을 기록을 통해 알 수 있어. 역참 제도는 고려 시대에 와서 더욱 발달하여 전국에는 22개 도로와 525개의 역을 설치했어. 이 제도는 조선 시대에도 그대로 계승되어 30리마다 1개 역을 두어 전국에 500여 개의 역을 설치했지. 역마는 쓰임에 따라 승마용 기마와 운반용 태마 또는 복마로 나눌 수 있어. 크기에 따라 대마·중마·소마 혹은 상등마·중등마·하등마로 구별하여 지급했어. 역마 지급에 대한 규정은 조선 시대에 『경국대전』에 자세히 밝혀 놓았어. 그에 따르면, 각 역의 역마를 이용하려면 상서원에서 발급한 마패가 있어야 했어. 마패에는 품수에 따라 빌려 탈 수 있는 말의 수만큼 말을 새겨 넣었어. 군사적으로 긴급한 일이 있어 '긴급사'라는 글자를 써서 보내면 쌍마(雙馬)를 빌릴 수도 있었어. 역마의 관리는 찰방의 책임 아래 병방 역리가 맡았어. 조선 후기에는 '파발제'가 시행되면서 역마의 수요는 더욱 늘어났어. 그에 따라 민간인 말을 사서 보충하는 '쇄마 고립제'를 실시했고, 역마가 부족하면 다른 역에서 말을 빌려 왔단다.

## 36 세조를 구한 고양이

　　조선 제7대 세조는 조카 단종을 쫓아내고 왕위에 올랐어. 그뿐만 아니라 '사육신 사건'에 관련되었다는 이유로 단종을 강원도 영월 청령포로 귀양을 보낸 뒤 목숨을 빼앗기까지 했지.

　　그 때문에 벌을 받았는지 세조는 온몸에 종기가 나기 시작했어. 소문에 따르면, 단종의 어머니 현덕왕후가 세조의 꿈속에 나타나 "네가 내 아들을 죽여? 너도 혼 좀 나 봐라."라고 소리치더니 세조에게 침을 뱉었대. 그때 침이 묻은 자리에 종기가 나더니 오랜 세월 고생을 하게 되었다는 거야.

　　세조는 종기를 없애려고 무진 애를 썼어. 용하다는 의원은 모두 불러 보고, 좋다는 약은 다 써 보았어. 하지만 피부병이 낫지 않고 온몸으로 퍼졌지.

무당을 불러 굿을 해도 낫지 않자 세조는 방법을 바꾸었어. 산 좋고 물 좋은 절을 찾아 냇가에서 목욕을 하고 병이 낫기를 간절히 기도하기 시작했지.

세조가 오대산 상원사에 행차했을 때의 일이야. 세조는 계곡 물에 목욕을 하고, 불공을 드리러 법당 안에 들어가려고 했어. 그런데 갑자기 고양이 한 마리가 나타나 세조의 곤룡포 자락을 물고 늘어지는 거야.

"이게 무슨 짓이냐? 저리 비켜!"

세조는 고양이를 쫓으려고 했어. 그러나 고양이는 도망가지 않고 끝까지 곤룡포 자락을 물고 늘어졌어.

'고양이가 왜 이러지?'

세조는 이상한 생각이 들어 호위 병사들을 불러 명령했어.

"법당 안을 샅샅이 뒤져라."

호위 병사들은 법당으로 들어가 그 안을 이 잡듯이 뒤졌어. 그리하여 불상 탁자 밑에 숨어 있던 자객 셋을 찾아냈지. 이들은 단종을 죽인 세조에게 복수하려고 세조를 암살하러 왔던 거야.

'고양이 덕분에 내가 목숨을 구했구나.'

그때는 이미 고양이가 사취를 감춘 뒤였어. 세조는 자기를 구해 준 고양이에게 감사를 표하고 싶었지. 하지만 고양이를 찾을 수 없기에 논밭 500마지기를 절에 내렸어. 그리고 해마다 고양이를 위해 제사를 지내 주라고 했지.

　이리하여 절에는 고양이 논인 '묘답'과 고양이 밭인 '묘전'이 생겼어. 또 '고양이를 위한 쌀'이라고 하여 절에 바치는 쌀을 '고양미'라고 불렀지. 이 고양미는 '공양미'가 되었다고 해.

　고양이에게 은혜를 입은 세조는 한양으로 돌아와 전국 방방곡곡에 이런 명령을 내렸대.

　"앞으로는 고양이를 잡아 죽이지 말라."

　그 뒤로는 조선 땅에서 고양이를 잡아 죽일 수 없게 되었지.

조선 왕실에서는 고양이도 길렀어. 현종 때는 궁궐 안에 쥐가 들끓어 임금이 묵는 곳인 침전에까지 쥐가 들락거렸는데, 고양이를 풀어 쥐를 잡을 수 있었지.

숙종은 왕실에서 기르는 황금빛 고양이 금손이를 몹시 사랑했어. 고양이도 주인을 잘 따라 잠시도 숙종 곁을 떠나지 않았지. 숙종은 금손이를 밥상 옆에 앉히고 손수 고기반찬을 먹였다는구나.

숙종이 세상을 떠나자 금손이는 먹이를 입에도 대지 않고 슬프게 울기만 했어. 그러다가 굶어 죽고 말았지. 사람들은 금손이를 충성스러운 고양이라 하여 숙종의 능인 명릉 곁에 묻어 주었단다.

# 세조가 피리를 불자 학이 춤추었다면서요?

『조선왕조실록』 '세조실록'에는 세조를 신통력 있는 사람으로 그려 놓았어.

세조가 수양대군 때 동생 안평대군과 임영대군이 가야금 타는 모습을 보고, 자기도 가야금을 배우고 싶어졌어. 그는 아버지 세종에게 가야금을 가르쳐 달라고 청했지.

세종은 빙긋 웃으며 안평대군과 임영대군을 불러 수양대군 앞에서 가야금을 타라고 했어. 두 대군이 연주를 마치자 세종이 수양대군에게 말했어.

"가야금을 어떻게 타는지 지켜보았느냐? 너도 한번 가야금을 타 보아라."

수양대군은 난생 처음 처음 가야금을 탔어. 그런데 그 솜씨가 얼마나 좋은지 동생들과 막상막하였어. 가야금을 배운 적이 없는데 뛰어난 연주 능력을 발휘한 거야. 세종은 수양대군의 타고난 재주에 감탄하며 그를 장악원으로 보냈어. 수양대군은 장악원에서 가야금은 물론 비

파·피리 등을 연주했지.

세종은 종친들을 궁궐에 불러 자주 잔치를 베풀었어. 어느 날 수양대군이 피리를 들고 나타나자 세종이 말했어.

"피리 연주를 해 보아라."

수양대군은 눈을 지그시 감고 피리를 불기 시작했어. 아름다운 피리 소리가 온누리에 울려 퍼졌지. 종친들은 흥에 겨워 하나둘 일어섰어. 모두들 피리 소리에 맞춰 덩실덩실 춤을 추었어.

그때였어. 어디선가 학 한 마리가 뜰로 날아들었어. 학은 수양대군의 피리 소리에 맞춰 날개를 펴고 춤을 추는 거야. 그 자리에 있던 돌쟁이 금성대군도 학을 따라 뒤뚱뒤뚱 걸으며 춤을 추었지.

『세조실록』에 실려 있는 이런 내용을 어디까지 믿어야 할까? 수양대군이 피리를 불자 학이 날아와 춤을 추었다는 대목은 과장되었다는 생각이 드는구나.

『단종실록』에는 수양대군이 명나라에 사신으로 갔을 때, 자금성에서 코끼리 여덟 마리를 본 이야기가 나와. 수양대군이 궐문에 들어서니 코끼리들이 그를 보고 놀라 두어 걸음 뒤로 물러났다나. 수양대군이 뛰어난 인물인 줄 첫눈에 알아보고 코끼리들이 그런 반응을 보였다는 거지. 수양대군이 정말 그렇게 비범한 사람이었는지 직접 눈으로 확인하고 싶어지는구나.

## 37 임금님 옷에도 이가 있을까?

조선 제9대 성종은 학문을 좋아하고 인재를 기르는 데 힘쓴 임금이었어. 그는 책을 손에서 놓지 않았으며, 숙직하는 옥당의 선비를 불러 밤늦도록 함께 학문을 논하였어. 그러고는 평복으로 갈아입고 선비와 이런저런 이야기를 나누었지. 선비를 옥당으로 보낼 때는 임금이 외출할 때 쓰는 등불인 '어전촉(御前燭)'을 들려 보냈다고 해.

성종은 성균관 유생들을 특히 아끼고 사랑했어. 성균관에는 '양현고'가 설치되어 유생들이 숙식을 공짜로 제공받았어. 그런데 성종은 양현고만으로는 부족하다고 여겨 성균관에 별도로 '학전(學田)'을 마련해 주었어. 그리하여 성균관 기숙사에 있는 가난한 유생들이 양식 걱정 없이 공부에 열중할 수 있었단다.

조선 시대에는 임금이 성균관에 행차하여 대성전에 직접 제사를 지내는 알성 행사를 가졌어. 이때 유생들을 격려하기 위해 그들을 대상으로 직접 과거 시험을 시행했는데, 이를 '알성시'라고 해. '오성 대감'으로 알려진 이항복이 알성시에서 급제를 했지.

성종이 성균관에 행차하기 얼마 전이었어. 성균관에는 경상도에서 올라온 세 선비가 있었어. 이들은 진사 시험에 합격해 성균관 유생이 되었는데, 세 사람이 나란히 과거에 급제하자며 열심히 공부하고 있었어.

어느 날 밤, 세 선비는 성균관 마당으로 나와 달을 구경하며 이야기를 주고받았어.

"임금님 옷에도 이가 있을까?"

한 선비가 몸에 이가 있어 박박 긁으며 이렇게 입을 열었어. 그러자 다른 선비가 말했어.

"이가 얼마나 흔한데. 임금님 옷이라고 이가 없겠냐?"

"그런가?"

또 다른 선비가 고개를 저었어.

"너희들이 틀렸어. 임금님은 우리와 달라서 옷을 자주 갈아입잖아. 그러니 이가 없지."

"무슨 소리! 임금님은 사람 아니냐? 왜 이가 없어?"

선비들은 두 패로 나누어 서로 자기가 옳다면서 옥신각신 싸웠어. 마침 성균관 담 밖을 지나던 성종이 선비들이 하는 이야기를 우연히 들었단다.

그날 밤, 성종은 '임금 이 세 개 싼 보자기'라고 쓴 종이를 비단 보자기에 싸서 아무도 모르게 선비들의 방 안에 넣었어.

선비들은 비단 보자기를 펼쳐 보고 어리둥절해했어.

"뭐지? 누가 이런 걸 던져 놓고 간 거야?"

"누가 우리 이야기를 엿들었나? 임금님 이에 대해 써 놓았잖아? 도대체 어떻게 된 걸까?"

며칠 뒤 성종이 성균관에 행차했어. 성종은 대성전에서 제사를 지내고 유생들을 대상으로 과거 시험을 치렀지. 그런데 과거 제목이 '임금 이 세 개 싼 보자기에 대해 논하라'는 것이었어.

다른 유생들은 영문을 몰라 시험지를 채울 수가 없었어. 하지만 세 선비는 자신들이 주고받은 이야기를 써서 나란히 과거에 급제할 수 있었단다.

## 조선 시대 왕은 어떤 옷을 입었나요?

조선 시대에 왕이 입는 옷은 때와 장소에 따라 달랐어. 제사를 지내거나 즉위식·혼례식을 치를 때, 신하들의 조회를 받을 때, 일상적인 업무를 볼 때, 전쟁터에 나갈 때, 한가하게 거처할 때 다른 옷을 입었지.

왕의 공식적인 복장은 면복·조복·상복의 세 가지로 나눌 수 있어. 면복은 하늘과 지상 최고의 신을 맞이하기 위한 왕의 최고 예복이야. '대례복'이라고도 하지. 왕이 종묘나 사직 등에 제사를 지낼 때, 중국 황제의 사신을 영접할 때, 즉위식·혼례식을 치를 때 이 옷을 입었어. 하늘을 대신하는 중국 황제, 종묘와 사직의 신은 왕이 모셔야 할 최고의 신이었거든. 즉위식·혼례식 때도 면복을 입는 것은 하늘과 종묘사직의 신에게 승인을 얻는다는 뜻이 담겨 있지.

왕이 입는 면복은 옷에 아홉 가지 무늬가 새겨져 있어 '구장복'이라고 해. 상의는 청색을 바탕으로 양 어깨에 용, 등에 산, 양 소매에 불꽃무늬 화(火), 화충(꿩), 종이(호랑이와 원숭이) 등 다섯 가지 무늬를 새겨 놓았어. 그리고 하의는 붉은색을 바탕으로 조(수초), 분미(쌀), 보(도끼 무늬), 불(륵형 무늬가 서로 등을 대고 있는 모양) 등 네 가지 무늬를 세로로 두 줄씩 수놓았어. 세자는 아홉 가지 무늬 가운데 왕을 상징하는 용과 산의 무늬를 뺀, 일곱 가지 무늬가 새겨진 '칠장복'을 입었어.

중국 황제의 면복은 열두 가지 무늬가 새겨진 '십이장복'이야. 조선은 중국의 신하 나라이기에 조선 왕은 구장복을 입었지. 하지만 조선 말에 고종이 대한제국을 선포하고 황제의 자리에 오르며 십이장복을 입었어. 왕이 구장복을 입을 때는 머리에 면류관을 썼어. 면류관은, 겉은 검고 속은 붉은 직사각형의 모자로, 앞뒤로 여러 색의 옥과 구슬을 꿰어 늘어뜨렸어.

조복은 왕이 신하들의 조회를 받거나 일본·유구의 사신을 맞이할 때 입는 옷이야. 원유관에 강사포로 이루어졌는데, 원유관은 면류관과 달리 윗부분을 사모처럼 만들고 중간에 옥비녀를 꽂은 붉은색의 모자야. 강사포는 구장복과 모양이 같지만 무늬가 없고 붉은색이야. 우리나라에서는 1370년(공민왕 19년) 명나라 태조가 왕의 조복인 강사포를 보내와 처음으로 입기 시작했어. 그 뒤 조선 시대에 와서도 군신 관계를 맺은 중국에서 왕이 입을 조복을 보내오는 전통이 이어졌지.

상복은 왕이 평상시 일상적인 업무를 볼 때 입는 옷이야. '정복(正服)'이라고도 하지. 왕은 낮에 주로 편전에서 지내기에 가장 많이 입는 옷이야. 왕은 상복으로 곤룡포를 입고 익선관을 썼어. 곤룡포는 여름에는 얇은 비단인 사(紗), 겨울에는 붉은색 비단으로 지었어. 옷에는 가슴·등·양 어깨에 발톱이 다섯 개 달린 용인 오조룡(五爪龍) 무늬를 금실로 수놓은 보를 붙였어. 익선관은 원유관과 비슷한데, 옥비녀가 없는 대신 모자 윗부분에 매미 날개 모양의 작은 뿔 두 개를 달았어. 그 밖에 왕은 전쟁 때는 융복을 입었으며, 한가하게 쉴 때는 일반 사대부들과 마찬가지로 편복을 입었어.

# 38

## 약에 쓸 동물을 잡아다 판 서울 거지, 땅꾼

조선 시대의 실학자 성호 이익의 『성호사설』에는 이런 이야기가 실려 있어.

어느 해 겨울날 저녁, 이익은 서울 거리를 걸어가고 있었어. 그날은 날씨가 몹시 추웠지. 몸을 움츠린 채 잰걸음으로 가는데, 앞 못 보는 거지가 낡고 해진 옷을 입은 채 남의 집 대문 앞에 앉아 이렇게 통곡하는 거야.

"아, 죽고 싶다! 죽고 싶어!"

이익은 거지의 통곡을 듣고 가슴이 찢어지는 듯 아팠어. 거지는 죽고 싶어도 죽을 수 없는 자신의 비참한 처지를 한탄했거든. 이익은 30년이 지난 뒤에도 거지의 절규를 잊지 못했어. 거지의 절망적인 모습이 눈에서 지워지지 않았지. 그는 거지만 생각하면 눈물이 쏟아지려 한다고 털어놓았단다.

거지는 삼국 시대부터 있었어. 고구려 제15대 왕이 되는 을불은 자기를 죽이려는 봉상왕을 피해 떠돌이 생활을 할 때 거지가 되어 동냥을 하며 살았지. 또한 『삼국사기』에는 도미 부부가 백제 개루왕의 학대를 피해 고구려로 달아났을 때 거지 노릇을 하며 떠돌이 생활을 했다고 나와 있지. "고구려 사람들이 도미 부부를 가엾게 여겨 옷과 밥을 주었다."고 기록되어 있거든. 을불과 도미 부부의 경우를 보더라도 거지가 우리나라에서 얼마나 오래전부터 있어 왔는지 알 수 있겠지?

조선 시대에도 물론 거지가 있었어. 이익이 목격했던 거지, 그 중에서도 서울 거지들은 집단을 이루며 살았어. 조선 시대 서울 거지 떼의 움집은 주로 종로 거리의 광교에서 태평로 사이에 있는 청계천 여러 다리 밑에 있었지. 거지들은 바닥에 거적을 깐 뒤 가마니를 덮고 잤어. 이들은 아침저녁으로 집집마다 돌아다니며 동냥을 했어.

조선 후기에는 해마다 한겨울이 되면 임금이 청계천 다리 밑으로 신하를 보내 거지들을 위로했다고 해. 호조에 명하여 거지들에게 쌀과 옷을 나누어 주기도 했고…….

성종 때부터 서울에서는 거지를 '땅꾼'이라고 불렀어. 지금의 을지로 6가에는 청계천 준설 공사를 하느라 파낸 모래를 산더미처럼 쌓아 놓았는데, 가짜 산이라고 해서 '가산'이라고 했어. 그런데 거지들이 이 가산에서 움집을 파고 살아 '땅꾼'이라는 이름을 얻은 거야.

가산에는 수백 명의 거지들이 모여 살았는데, 포졸들도 이들을 두려워하여 함부로 건드리지 못했어. 그 대신 이들로 하여금 내의원, 혜민서 등에서 약으로 필요한 뱀, 지네, 두꺼비, 고슴도치, 두더지 따위를 잡아 바치게 하거나, 부자·고관들의 잔치나 장례 때 궂은일을 맡겨 생계를 이어가도록 했어.

조선 시대에 궁궐의 내의원이나 전의감·혜민서 등에서는 약으로 쓸 동물들을 잡아 올리라고 포도청에 수시로 협조를 구했

다는구나. 그러면 포도청에서는 가산 거지들에게 돈을 주고 그 일을 맡겼지. 거지들은 포도청의 주문에 맞추려고 뱀·지네·두더지 등을 미리 잡아다가 기르기도 했단다.

　가산 거지들은 일 년에 한 번 모임을 열어 우두머리를 뽑았는데, 그를 '꼭지딴'이라고 불렀어. 가산이 서울 거지들의 총본부라면 꼭지딴은 서울 거지들의 총 우두머리였지. 꼭지딴은 청계천 각 다리 밑에 사는 거지들의 우두머리, 즉 '수표교 꼭지', '광교 꼭지' 따위의 거지들을 부하로 거느려 서울 거지들을 다스렸단다.

　1917년 동대문 초등학교, 1922년 경성사범학교 등을 지을 때 가산의 모래를 퍼다 썼어. 그 바람에 가산이 사라져 버렸지. 삶의 터전을 잃은 꼭지딴과 가산 거지들은 그 뒤 뿔뿔이 흩어졌단다.

> 서울에서 추어탕을
> 처음 끓여 판 것은
> 거지들이라면서요?

추어탕은 미꾸라지를 끓여 만든 음식이야. 미꾸라지가 잡히는 곳에서는 어디서나 해 먹을 수 있기 때문에 고기 맛을 보기 어려운 서민들에게는 영양 만점의 좋은 음식이었지.

추어탕은 지역마다 요리 방법이 다르단다. 호남을 대표하는 남원식 추어탕은 미꾸라지를 푹 삶아 뼈는 발라내고 살만 걸러 내어 미꾸라지 육수를 만든 뒤, 묵은 된장을 풀어 넣어 끓이지. 그에 비해 서울식 추어탕(서울에서는 추어탕을 '추탕'이라 불렀다지?)은 미꾸라지를 통째로 넣고 호박과 두부를 썰어 넣고 끓인단다. 또 강원도를 대표하는 원주식 추어탕은 살아 있는 미꾸라지를 펄펄 끓는 무쇠솥 물에 끓이고, 묵은 고추장을 팍팍 풀어 넣지.

서울식 추어탕을 처음으로 만든 것은 청계천 가산에서 움집을 파고 살던 거지들이라는구나. 이들은 비록 집집마다 돌아다니며 동냥을 할망정 한 가지 원칙을 정해 놓았대. 밥은 빌어먹되 반찬은 빌어먹지 않는다는……. 그래서 반찬으로 청계천에서 미꾸라지를 잡아 탕을 끓여 먹었다는 거야. 이것이 서울식 추어탕의 시초였지.

그런데 추어탕 맛이 기막히게 좋았나 봐. 백성들에게까지 소문이 나서 너도나도 추어탕을 사 먹으려고 청계천 가산으로 몰려든 거야. 이리하여 거지들은 미꾸라지를 잡아다 추어탕을 끓여 팔기 시작했고, 청계천 주변에 추어탕 집들이 하나둘 생겨났지.

추어탕 집을 차린 것은 대부분 포도청에서 일하던 포졸들이었다는구나. 거지들은 추어탕 집에 미꾸라지를 잡아 대 주었지.

1930년대에는 일반 사람들이 차린 추어탕 집이 서울 곳곳에서 문을 열었어. 그리하여 서울식 추어탕은 서울 시민들에게 사랑받는 음식이 되었단다.

# 참고 문헌

『개들이 있는 세계사 풍경』, 이강원, 이담Books, 2013
『개띠』, 김종대, 국학자료원, 1997
『겨레 유산 이야기』, 김삼웅, 삼인, 1998
『경기도 역사와 문화 백문백답』, 경기문화재단, 2010
『고구려 건국사』, 김기흥, 창작과비평사, 2002
『고구려 신라 백제가 중국 대륙을 지배했다』, 정용석, 책이있는마을, 2004
『고구려 왕조 700년사』, 한국역사연구회 엮음, 오상, 1997
『고구려의 그 많던 수레는 다 어디로 갔을까?』, 김용만, 바다출판사, 1999
『고구려인과 말갈족의 발해국』, 서병국, 한국학술정보(주), 2007
『고구려인의 삶과 정신』, 서병국, 혜안, 2000
『고대 왕국의 풍경, 그리고 새로운 시선』, 이근우, 인물과사상사, 2006
『고려도경』, 서긍 지음, 조동원·김대식·이경록·이상국·홍기표 공역, 황소자리, 2005
『고려를 다시 본다』, 최규성, 주류성, 2006
『고려 무인 이야기』 2, 이승한, 푸른역사, 2003
『고조선과 삼국의 발전』, 김종성, 문예마당, 2004
『과거 보러 가는 길』, 홍사중, 이다미디어, 2003
『교과서에도 나오지 않은 우리 문화 이야기』, 김진섭, 초당, 2001
『교과서에서 절대 가르치지 않는 세계사』, 이규조, 일빛, 2005
『그들이 본 임진왜란』, 김시덕, 학고재, 2012
『그러나 이순신이 있었다』, 김태훈, 일상이상, 2014
『금강산으로 가는 울산바위』, 서문성, 창, 1998
『기묘사화』, 한국인물사연구원, 타오름, 2011
『기상천외 조선사』, 강영민, 이가출판사, 2010
『길 따라 유적 따라 한국 역사 기행』, 한국고대사문제연구소, 형설출판사, 1994
『꾼』, 이용한, 실천문학사, 2001
『꿈으로 본 역사』, 홍순래, 중앙북스, 2007
『나는 모든 것을 알고 싶다』(성호사설선집), 김대중 편역, 돌베개, 2010
『남녘의 고구려 문화유산』, 백종오, 서경, 2006
『내 고장의 맥』, 경인일보사, 1984
『너희가 포도청을 어찌 아느냐』, 허남오, 가람기획, 2001
『노컷 조선왕조실록』, 김남, 어젠다, 2012
『노회찬과 함께 읽는 조선왕조실록』, 노회찬, 일빛, 2004

『다시 떠나는 이야기 여행』, 최운식, 종문화사, 2007
『다시 발견하는 한국사』, 이한, 뜨인돌, 2008
『다 아는 조선 왕실 이야기』, 공준원, 휴먼드림, 2013
『다큐멘터리 서울 정도 600년』 2, 이경재, 서울신문사, 1993
『대조영과 발해』, 김혁철, 자음과모음, 2006
『대한민국 명당』, 이규원, 글로세움, 2009
『대한제국아 망해라』, 윤효정 지음, 박광희 편역, 다산초당, 2010
『독도실록 1905』, 예영준, 책밭, 2012
『동아일보』 1969년 8월 28일
『두산 세계대백과사전』, 두산동아, 1996
『땅이름 속에 숨은 우리 역사』 2, 김기빈, 지식산업사, 2008
『떡국을 먹으면 부자 된다』, 윤덕노, 청보리, 2011
『맛의 전쟁사』, 김승일, 역사공간, 2007
『맛있는 한국사 인물전』, 양창진, 이숲, 2009
『무쇠를 가진 자, 권력을 잡다』, 이영희, 현암사, 2009
『문중양 교수의 우리 역사 과학 기행』, 문중양, 동아시아, 2006
『문학 시간에 옛글 읽기』, 전국국어교사모임 엮음, 나라말, 2008
『물고기의 세계』, 정문기, 일지사, 1974
『바다 기담』, 김지원 엮음, 청아출판사, 2009
『바다 생물 이름 풀이 사전』, 박수현, 지성사, 2008
『반역, 패자의 슬픈 낙인』, 배상열, 추수밭, 2009
『발해사』 3. 발해의 경제, 서병국 편저, 한국학술정보(주), 2006
『발해사 100문 100답』, 장국종, 자음과모음, 2006
『발해의 수수께끼』, 上田 雄 저, 최봉렬 역, 교보문고, 1994
『발해제국사』, 서병국, 서해문집, 2005
『백정, 외면당한 역사의 진실』, 이희근, 책밭, 2013
『베일 속의 한국사』, 박상진, 생각하는백성, 2002
『보고 생각하고 느끼는 우리 명승 기행』, 김학범, 김영사, 2013
『부끄러운 문화 답사기』, 기록문학회, 실천문학사, 1997
『브리태니커 세계대백과사전』, 한국브리태니커회사, 1992
『사건과 인물로 읽는 이야기 조선왕조사』, 서정우, 푸른숲, 1996
『사라진 서울』, 강명관 풀어 엮음, 푸른역사, 2009
『살아 있는 모든 것의 정복자, 곤충』, 메이 R. 베렌바움 지음, 윤소영 옮김, 다른세상, 2005
『삼국유사』, 일연 지음, 김원중 옮김, 을유문화사, 2002
『삼국유사를 걷는 즐거움』, 이재호, 한겨레출판, 2009
『33가지 동물로 본 우리 문화의 상징세계』, 김종대, 다른세상, 2001
『새롭게 본 발해사』, 고구려연구재단 편, 고구려연구재단, 2005
『서양보다 앞선 동양 문화 91가지』, 소준섭, 신하, 1997
『서양인의 조선살이, 1882-1910』, 정성화·로버트 네프, 푸른역사, 2008
『서울 개화 백경』, 박경룡, 수서원, 2006

『서울대공원의 야생동물』, 김영근, 좋은땅, 2011
『서울 시내 일제 유산 답사기』, 정운현, 한울, 1995
『서울 역사 이야기』, 박경룡, 수서원, 2003
『서울은 깊다』, 전우용, 돌베개, 2008
『서울을 알고 역사를 알고』, 박경룡, 수서원, 2003
『서울의 전설 60선』, 송인성, 학술자원공사, 1994
『서울의 해』, 김동복, 이화문화출판사, 2001
『선덕여왕』, 이적, 어문학사, 2009
『세종대왕과 그의 인재들』, 박영규, 들녘, 2002
『소송아, 게 물렀거라!』, 류승훈, 아이엠북, 2006
『스웨덴 기자 아손, 100년 전 한국을 걷다』, 아손 그렙스트 지음, 김상열 옮김, 책과함께, 2005
『승정원일기, 소통의 정치를 논하다』, 박홍갑 · 이근호 · 최재복, 산처럼, 2009
『시비를 던지다』, 강명관, 한겨레출판, 2009
『시장을 열지 못하게 하라』, 김대길, 가람기획, 2000
『식문화의 뿌리를 찾아서』, 유애령, 교보문고, 1997
『식전』, 장인용, 뿌리와이파리, 2010
『신비 동물원』, 이인식, 김영사, 2001
『18세기 조선 지식인의 발견』, 정민, 휴머니스트, 2007
『아니 놀지는 못하리라』, 유승훈, 월간미술, 2009
『알고 보면 지금과 비슷한 조선의 속사정』, 권우현, 원고지와만년필, 2013
『암호 이야기』, 박영수, 북로드, 2006
『야사로 보는 삼국의 역사』 2, 최범서, 가람기획, 2006
『어류의 생태』, 김무상, 아카데미서적, 2003
『에피소드로 본 한국사』, 박상진, 생각하는백성, 2002
『LTE 한국사』, 민병덕, 책이있는마을, 2014
『역사 바로알기』, 서병국, 한국학술정보(주), 2014
『역사 속의 역사 읽기』 1, 고석규 · 고영진, 풀빛, 1996
『역사 속의 인물 엿보기』(한국편), 참교육기획 엮음, 유원, 1999
『역사와 지명』, 김기빈, 살림터, 1996
『역사의 무대, 서울 · 서울 · 서울』, 박경룡, 수서원, 2003
『역사의 오솔길』, 임병무, 문경출판사, 2008
『역사ⓔ2』, EBS '역사채널ⓔ' 지음, 북하우스, 2013
『연산군, 그 인간과 시대의 내면』, 김범, 글항아리, 2010
『연산군, 그 허상과 실상』, 변원림, 일지사, 2008
『연합뉴스』 1991년 3월 4일
『열목어 눈에는 열이 없다』, 권오길, 지성사, 2003
『옛길, 문경 새재』, 안태현, 대원사, 2012
『옛날에도 변호사가 있었나요?』, 민병덕, 책이있는마을, 2007
『옛날에도 일요일이 있었나요?』, 민병덕, 책이있는마을, 2003

『오늘 역사가 말하다』, 전우용, 투비북스, 2012
『왼손엔 미음그릇 오른손엔 회초리』, 이신성, 보고사, 2008
『왕의 영혼, 조선의 비밀을 말하다』, 이상주, 다음생각, 2012
『왕의 투쟁』, 함규진, 페이퍼로드, 2007
『우리가 몰랐던 조선』, 장학근, 플래닛미디어, 2010
『우리가 몰랐던 조선 이야기』, 김인호·박훤, 자작나무, 1999
『우리가 일본에 전해준 고대 하이테크 100가지』, 손제하 지음, 하일식 옮김, 일빛, 1996
『우리가 정말 몰랐던 고려 이야기』, 김인호, 자작나무, 2001
『우리가 정말 알아야 할 우리 곤충 백가지』, 김진일, 현암사, 2002
『우리가 정말 알아야 할 우리 민물고기 백가지』, 최기철, 현암사, 1994
『우리 궁궐의 비밀』, 혜문, 작은숲, 2014

『우리나라의 세계 문화 유산』 1, 송명석·박재호·김은주, 반석출판사, 2013
『우리네 세상살이 말도 많고』, 박정로, 여강출판사, 1992
『우리 마을』, 이상훈, 신아출판사, 1997
『우리 문화 길라잡이』, 국립국어연구원, 학고재, 2002
『우리 민속 아흔아홉 마당』 1-2, 김재일, 한림미디어, 1997
『우리 민족의 놀이 문화』, 조완묵, 정신세계사, 2006
『우리 설화』, 김문수, 돋을새김, 2010
『우리 역사 씨날틀』, 씨줄과 날줄 엮음, 뜨인돌, 1996
『우리 할머니가 들려주는 재미있는 옛이야기 100가지』, 민윤식, 자유문학사, 2005
『워 스토리』, 양대규, 교학사, 2006
『운명을 읽는 코드 열두 동물』, 천진기, 서울대학교출판부, 2008
『유물 속의 동물 상징 이야기』, 박영수, 내일아침, 2005
『이규태의 600년 서울』, 이규태, 조선일보사, 1993
『이규태 코너』(1991-1995), 이규태, 월간조선사, 1998
『이규태 코너』(1996-1998), 이규태, 월간조선사, 2002
『이규태 코너』 19-20, 이규태, 기린원, 1996
『이노근의 경복궁 기행 열전』, 이노근, 종로신문사, 2005
『이덕일의 고금통의』 1-2, 이덕일, 김영사, 2014
『이덕일의 역사사랑』, 이덕일, 랜덤하우스, 2007
『20세기 이야기』(1990년대), 김정형, 답다, 2014
『21세기 웅진학습백과사전』, 웅진닷컴, 1998
『이야기가 있는 경복궁 나들이』, 강경선·김재홍·양달섭·윤종배·이인석, 역사넷, 2000
『이야기 고려사』, 오상역사연구회, 오상출판사, 1997
『이야기 고려 야사』, 김형광, 시아출판사, 2008
『이야기 인물 한국사』, 이현희, 청아출판사, 1986
『이야기 조선왕조 500년 야사』, 김영균 편저, 효원출판, 2007
『이야기 한국사』, 이현희·교양국사연구회 엮음, 청아출판사, 2002
『이이화 한국사 이야기』 9, 이이화, 한길사, 2000

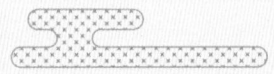

『이현희 교수의 손에 잡히는 역사 에세이』, 이현희, 학연문화사, 2000
『인간 이순신 평전』, 박천홍, 북하우스, 2005
『인물로 보는 고려사』, 송은영, 시아출판사, 2003
『인물로 읽는 고려사』, 정성희, 청아출판사, 2000
『일본으로 간 조선의 선비들』, 김경숙, 이순, 2012
『일본은 죽어도 모르는 독도 이야기 88』, 이예균 · 김성호, 예나루, 2005
『일상으로 본 조선 시대 이야기』 1-2, 정연식, 청년사, 2001
『일제 침략사 65장면』, 친일문제연구회 엮음, 가람기획, 1996
『읽을거리만 뽑은 연산군 일기』, 육광남, 하늘과땅, 2006
『임진왜란은 문화 전쟁이다』, 김문길. 혜안, 1995
『임진왜란은 조선이 이긴 전쟁이었다』, 양재숙, 가람기획, 2012
『자연과 정성의 산물, 우리 음식』, 국사편찬위원회 편, 두산동아, 2006
『재미로 읽는 조선왕조실록』(붓잡이들의 천국, 조선의 전쟁과 평화), 김용삼, 월간조선사, 2004
『재미로 읽는 조선왕조실록』(조선은 어떻게 망했는가?), 김용삼, 월간조선사, 2004
『재미로 읽는 조선왕조실록』(조선을 뒤흔든 기상천외한 스캔들), 김용삼, 월간조선사, 2004
『저잣거리의 목소리들』, 이승원, 천년의상상, 2014
『전설 속의 관광지』, 윤창운, 한국관광공사, 1997
『전쟁이 요리한 음식의 역사』, 도현신, 시대의창, 2011
『제왕들의 책사』(고려시대편), 신영란, 생각하는백성, 2001
『조광조』, 이상성, 성균관대학교출판부, 2006
『조복성 곤충기』, 조복성 지음, 황의웅 엮음, 뜨인돌, 2011
『조선과 그 이웃 나라들』, I. B. 비숍 저, 신복룡 역, 집문당, 2013
『조선과 만나는 법』, 신병주, 현암사, 2014
『조선 과학 실록』, 이성규, 맞닿음, 2014
『조선 동물기』, 김흥식 엮음, 서해문집, 2014
『조선 무사』, 최형국, 인물과사상사, 2009
『조선 백성 실록』, 정명섭, 북로드, 2013
『조선 비화』, 배상열, 청아출판사, 2008
『조선사 진검 승부』, 이한우, 해냄, 2009
『조선왕들의 생로병사』, 강영민, 이가출판사, 2009
『조선왕조 귀신실록』, 김용관, 돋을새김, 2011
『조선유사』, 박영수, 살림Friends, 2010
『조선의 9급 관원들, 하찮으나 존엄한』, 김인호, 너머북스, 2011
『조선의 국왕과 의례』, 정재훈, 지식산업사, 2010
『조선의 백과사전을 읽는다』, 이철, 알마, 2011
『조선의 왕으로 살아가기』, 심재우 · 한형주 · 임민혁 · 신명호 · 박용만 · 이순구, 돌베개, 2011
『조선의 탐식가들』, 김정호, 따비, 2012
『조선은 뇌물 천하였다』, 정구선, 팬덤북스, 2012
『조선을 구한 신목, 소나무』, 강관권, 문학동네, 2013

『조선을 뒤집은 황당무계한 사건들』, 정구선, 팬덤북스, 2014
『조선을 만든 사람들』, 이성무, 청아출판사, 2009
『조선을 바꾼 반전의 역사』, 김종성, 지식의숲, 2012
『조선 지식인의 아름다운 문장』, 고전연구회 사암 한정주·엄윤숙, 포럼, 2007
『조선 직업 실록』, 정명섭, 북로드, 2014
『조선 통신사의 일본 견문록』, 강재언 지음, 이규수 옮김, 한길사, 2005
『조선 통신사, 일본과 통하다』, 손승철, 동아시아, 2006
『조선 평전』, 신병주, 글항아리, 2011
『조선 풍속사』1-2, 강명관, 푸른역사, 2010
『종묘와 사직』, 강문식·이현진, 책과함께, 2011
『주강현의 관해기』2, 주강현, 웅진지식하우스, 2006
『쥐띠』, 김의숙, 국학자료원, 1997
『중앙일보』1969년 8월 30일, 9월 9일, 1980년 9월 24일
『지명이 품은 한국사』1-2, 이은식, 타오름, 2010
『지명이 품은 한국사』3-4, 이은식, 타오름, 2011
『책에 미친 바보』(이덕무 산문선), 권정원 편역, 미다스북스, 2004
『처음 만나는 우리 문화』, 이이화, 김영사, 2012
『"천하의 중심" 고구려』, 이윤섭, 코리아쇼케이스, 2004
『청계천은 살아 있다』, 이경재, 가람기획, 2002
『춤추는 발해인』, 강인욱, 주류성, 2009
『친절한 조선사』, 최형국, 미루나무, 2007
『태조고황제』, 임중빈, 계명사, 2002
『태조·정종본기』, 이재황 엮어 옮김, 청간미디어, 2001
『태종본기』1-2, 이재황 엮어 옮김, 청간미디어, 2001
『테라우치 총독, 조선의 꽃이 되다』, 이순우, 하늘재, 2004
『토산물로 본 조선』, 최두환, 경남, 2006
『하늘에다 베틀 놓고 별을 잡아 무늬 놓고』, 이화형, 월인, 2007
『하룻밤에 읽는 고려사』, 최용범, 중앙M&B 2003
『하룻밤에 읽는 한국사』, 최용범, 랜덤하우스중앙, 2001
『학교에서 가르쳐 주지 못한 우리 역사』, 원유상, 좋은날들, 2013
『학원세계대백과사전』, 학원출판공사, 1994
『한국민족문화대백과사전』, 한국정신문화연구원, 1991
『한국사 눈뜨기』, 이경수, 동녘, 2000
『한국사를 읽는 12가지 코드』, 신명호, 다산초당, 2011
『한국사 악인열전』, 도현신, 채륜, 2009
『한국세계대백과사전』, 동서문화사, 1995
『한국 역사 민속학 강의』1, 한국역사민속학회 엮음, 민속원, 2001
『한국의 봉수』, 조병로·김주홍, 눈빛, 2003
『한국의 유산』, KBS 한국의 유산 제작팀, 상상너머, 2011

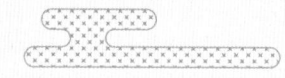

『한국의 지명 유래』 2, 김기빈, 지식산업사, 1989
『한국인의 민속 문화』 1, 3, 이규태, 신원문화사, 2000
『한국인의 밥상』, KBS '한국인의 밥상' 제작팀, 시드페이퍼, 2011
『한국인의 밥상 문화』 1-2, 이규태, 신원문화사, 2000
『한국인 이야기』 4, 김현룡, 자유문학사, 2001
『한국인이 잘 모르는 뜻밖의 한국』, 김경훈, 가서원, 1998
『한국 최초 101장면』, 김은신, 가람기획, 1998
『한국 7대 불가사의』, 이종호, 역사의아침, 2007
『한 권으로 읽는 고구려왕족실록』, 박영규, 웅진지식하우스, 2004
『한 권으로 읽는 백제왕조실록』, 박영규, 웅진닷컴, 2000
『한 권으로 읽는 세종대왕실록』, 박영규, 웅진지식하우스, 2008
『한 권으로 읽는 조선왕조실록』, 박영규, 들녘, 1996
『한 권으로 정리한 이야기 조선왕조사』, 교양국사연구회, 윤태영·구소청, 청아출판사, 1997
『한석우의 역사 산책』, 한석우, 경남, 1994
『한일 관계 2천년(보이는 역사, 보이지 않는 역사)』(근세), 한일관계사학회, 경인문화사, 2006
『함께 떠나는 이야기 여행』, 최운식, 종문화사, 2001
『호판댁 나귀는 약과도 싫다하네』, 이규태, 조선일보사, 2000
『홀로 벼슬하며 그대를 생각하노라』, 정창권 풀어씀, 사계절, 2003
『홍어 장수 문순득, 조선을 깨우다』, 서미경, 북스토리, 2010
『흔적의 역사』, 이기환, 책문, 2014


*사진 출처: 문화재청, 국립중앙박물관, 위키백과